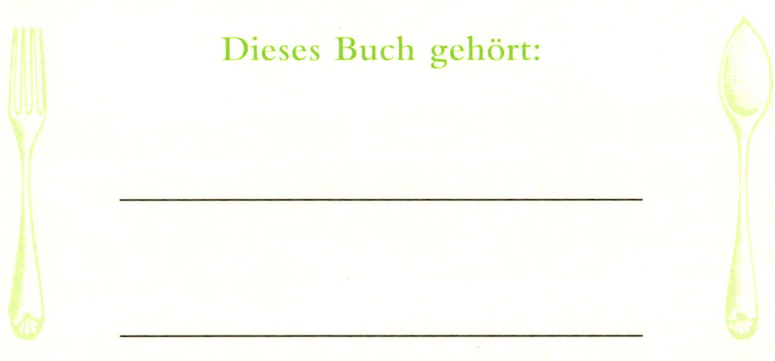

Dieses Buch gehört:

_____

_____

Rose Marie Donhauser

Äpfel & Birnen

Lieblingsrezepte

Hölker Verlag

5 4 3 2 1
ISBN 3-88117-571-7

Gestaltung: Heidrun Schröder, Christiane Leesker
Redaktion: Monika Römer
© 2002 Verlag W. Hölker GmbH, Münster

Printed in Italy

INHALT

Die Rezepte sind, falls nichts anderes angegeben ist, für 4 Personen berechnet.

VORWORT

Die schlechte Nachricht vorweg: Das vorliegende Buch bietet für meine unzähligen Rezepte, Anregungen und Ideen zum Thema Äpfel und Birnen leider nicht genügend Platz. Um alles unterzubringen, hätte es mindestens doppelt so dick werden müssen.

Doch hier ist die gute Nachricht: Ich habe meine besten, liebsten und tollsten Rezepte ausgewählt, nochmals getestet, gekostet und mich vor lauter Kochen schon wieder in neue Äpfel- und Birnenverhältnisse verstrickt. Und so kommt es, dass ich mein absolutes Lieblingsrezept, ein schlichtes, flottes Apfel-Curry, in meinem Vorwort unterbringen muss, denn sonst war nirgendwo mehr Platz. Aber eigentlich ist das gut so, denn einen solchen Ehrenplatz bekommt schließlich nicht jedes Rezept.

Also, ich erhitze Pflanzenöl im Wok und brate darin 3 in Streifen geschnittene Zwiebeln und 2 in Scheibchen geschnittene Äpfel an. Dann rühre ich etwas grüne thailändische Currypaste ein, bestäube das Ganze mit Currypulver und gieße alles mit etwas Brühe oder Weißwein und einer Dose Kokosmilch auf. Dann lege ich Streifen von einer Hähnchenbrust ein und lasse diese sanft gar ziehen. Ich schaue in den Kühlschrank, ob noch ein paar Perlauberginen, einige Austernpilze und ein Stängel Zitronengras da sind. Wenn nicht, auch gut, wenn ja, dann bricht Freude aus und ich gebe sie, geputzt und klein geschnitten, in das Curry. Ich probiere und finde, dass etwas Salz und Pfeffer angebracht wären, und runde das Ganze, falls vorhanden, mit einem Schuss Thai-Fischsauce ab – aber es geht auch ohne. Einen Löffel dampfendes Curry kleckere ich nun aus Versehen über mein Vorwort und meine, dass ich genug geschrieben habe und Ihnen ordentlich Appetit auf das Curry, auf Äpfel, auf Birnen und überhaupt auf das ganze Kochbuch gemacht habe. Ach ja – mit thailändischem Duftreis oder ordentlichem Basmati-Reis zum Apfel-Curry werden Sie dieses Buch so schnell nicht wieder vergessen ...

Guten Appetit und kulinarische Grüße von der Apfel- und Birnenautorin

EINFÜHRUNG

Die Kulturobstarten Apfel und Birne werden zusammen mit der Quitte und einigen Wildfrüchten wie Hagebutte und Weißdorn allgemein unter dem Sammelbegriff Kernobst zusammengefasst. Schon seine beiden wichtigsten Vertreter, Apfel und Birne, sind, wie im Vorwort bereits angedeutet, botanisch wie kulinarisch so interessant, dass sie mehr als genug Stoff für ein Kochbuch bieten.

Der Apfel – vom Paradies bis heute

Der Apfel ist das zentrale christliche Symbol für die Vertreibung aus dem Paradies. Er ist das Synonym für den Sündenfall, und er ist die Frucht vom Baum der Erkenntnis. Er ist außerdem Symbol für Liebe, Glück, Gesundheit, Schönheit und Macht – dies alles wurde eingehend in der Weltliteratur behandelt. John Irving etwa hat mit seinem monumentalen Roman „Gottes Werk und Teufels Beitrag" nicht nur großartige Figuren geschaffen, sondern zugleich eine Hommage an den Paradiesapfel geschrieben, der uns, leider oft vergessenerweise, durch das Leben begleitet.
Dr. Wilbur Larch, eine Hauptperson des Romans, leitet als Arzt ein Waisenhaus. Homer Wells ist das einzige unter den heranwachsenden Waisenkindern, das immer wieder von den Adoptiveltern zurückgebracht wird. Als junger Mann lernt er das Pärchen Candy und Wally kennen und geht mit ihnen fort, um auf ihrer Apfelplantage zu arbeiten. Larch, sein Ziehvater, lässt ihn schweren Herzens gehen. „Und die Menschen werden immer Äpfel essen, dachte er – es muss ein gutes Leben sein." Homer erfährt nicht nur, was es bei der Apfelernte zu beachten gibt, sondern lernt dabei fürs Leben.
Der erste Biss in den verführerischen Apfel, der uns anscheinend den Zugang zum Paradies für immer verwehrt hat, muss, aus heutiger Sicht betrachtet, vielleicht gar nicht so gut gemundet haben. Denn wir wissen aus der Geschichte, dass es ein Biss in einen Wildapfel gewesen sein muss, ein Vorfahre unseres heutigen kultivierten Apfels. Spekulationen sind sicher erlaubt, denn bei vielen Früchten und Gemüsesorten kam der Genuss erst mit dem entsprechenden Anbau, den Kreuzungen und den daraus entstandenen Kulturen.
Gewiss hat der Wildapfel, der aus Westasien – genauer aus der Region zwischen dem Schwarzen und dem Kaspischen Meer im Kaukasus – stammt, bis in unsere Tage eine längere Odyssee hinter sich: Vor 5000 Jahren brachten erstmals die

Syrer die sog. Holz- und Zwergäpfel mit nach Ägypten. Von da aus gelangte der Apfel durch verschiedene Kriege, wie die Feldzüge Alexanders des Großen, unaufhaltsam nach Griechenland, Italien und von dort aus in die übrigen europäischen Länder. Doch erst 1620 gelangte das erste Apfelbäumchen nach Amerika, obwohl Columbus 150 Jahre vorher schon die schönsten und besten Lebensmittel aus Amerika nach Europa transportiert hatte.

Anbau, Ernte und Angebot

Der Kulturapfel *(Malus domestica)* stammt aus der Familie der Rosengewächse *(Rosaceae)* und ist nach seiner Domestizierung durch Kreuzungen aus einer Vielzahl von Apfelsorten entstanden. Zu den wichtigsten Stammformen zählen Strauchapfel *(Malus pumila)*, Filzblättriger Apfel *(Malus dasphylla)*, Pflaumenblättriger Apfel *(Malus prunifolia)* und Holzapfel *(Malus sylvestris)*. Äpfel sind weltweit mit über 20 000 Sorten vertreten, allein in Europa mit etwa 2000. Apfelbäume werden nicht mit Samen oder Stecklingen gezogen, sondern stattdessen durch das Aufpfropfen eines Zweiges der ausgewählten Sorte auf ein Stammstück veredelt.

In den letzten Jahren sind viele althergebrachte Apfelsorten aus dem Handel verschwunden, sei es aus Vermarktungsgründen oder wegen eines zu großen Pflegeaufwands. Jedoch bemühen sich mittlerweile die Apfelwissenschaftler, die so genannten Pomologen, darum, dass gefährdete Apfelsorten nicht vollständig verschwinden, und kultivieren diese vorsichtshalber in Gärten oder Museen.

Äpfel gedeihen am besten bei gemäßigtem Klima und leicht erhöhter Luftfeuchtigkeit im Plantagenanbau oder als Einzelbäume. Apfelbäume sind als hochstämmige und niedrigstämmige Bäume oder als Spalier vertreten. Geerntet werden die Früchte, je nach Sorte, von Juli bis Januar. Je nach Erntezeit unterscheidet man zwischen Sommer-, Herbst-, Winter- und Dauersorten. Das Angebot im Verkauf beläuft sich in etwa auf 10–30 Sorten, wozu der Import von Äpfeln aus aller Welt maßgeblich beiträgt. Gerade in den Wintermonaten lachen rotbackige, große Äpfel aus Neuseeland, grüne aus den USA und gelbrote aus Australien hübsch arrangiert von den Obstständen. Doch grundsätzlich sind auch einige heimische Sorten so lagerfähig, dass sie das ganze Jahr über angeboten werden können.

Die inneren Werte

Heutzutage ist der Apfelbaum in seiner kultivierten Form die wichtigste aller Obstbaumarten. Besonders der Gesundheitswert der Äpfel ist ein Grund dafür, dass diese über 80 Prozent unserer gesamten Obsternte ausmachen. Das bekannte englische Sprichwort „one apple a day keeps the doctor away", dass also ein Apfel am Tag uns den Doktor erspart, ist ganz klar auf seine gesunden Inhaltsstoffe zurückzuführen. In 100 Gramm essbarem Apfelanteil sind durchschnittlich etwa 85 Gramm Wasser, 12 Gramm Kohlehydrate, 2,5 Gramm Ballaststoffe, 0,22 Gramm Mineralstoffe und 0,28 Gramm Eiweiß enthalten, leicht schwankend je nach Sorte. Dazu gesellen sich alle lebenswichtigen Vitamine, allen voran Vitamin C, Vitamin B1, Vitamin B2, Vitamin K, Folsäure und Nicotinamid.
Die enthaltenen Kohlehydrate, die überwiegend aus Pektinen, Zellulose und unverdaulichen Ballaststoffen bestehen, wirken beispielsweise Cholesterin senkend, Blutzucker regulierend und fördern zudem die Verdauung. So können sie Diabetes und Dickdarmkrebs vorbeugen.
Fast alle Nährstoffe sitzen direkt unter der Schale, deshalb ist es ratsam, Äpfel gut zu waschen und mit der Schale zu essen. Auch kalorienmäßig machen Äpfel uns glücklich, denn 100 Gramm schlagen nur mit 54 kcal/226 kJ zu Buche.

Das „Who is who" der wichtigsten Sorten

- Berlepsch: Herbstapfel, Ernte Sept. bis Okt. Kleiner bis mittelgroßer, grüngelber bis roter Tafel-, Back- und Kochapfel mit saftigem, säuerlichem Fruchtfleisch.
- Boskoop, Gelber: Winterapfel, Ernte Okt. bis Jan. Fruchtiger, fein säuerlicher Tafel-, Back- und Kochapfel, guter Lagerapfel.
- Boskoop, Roter: mutiert vom gelben Boskoop. Ein sehr lagerfähiger Apfel.
- Braeburn: Sommerapfel, Ernte in Europa Mai bis Sept. Ganzjährig aus Neuseeland. Mittelgroßer bis großer, gelbgrüner Tafelapfel mit braunrot gestreifter Deckfarbe, sehr festes, saftiges, süßliches Fruchtfleisch.
- Cox Orange: Winterapfel, Ernte Okt. bis Mitte Nov. Würziger gelblichrötlicher Tafel-, Back- und Kochapfel.
- Elstar: Herbstapfel, Ernte Sept. bis Mitte Dez. Rotgelber, kräftig schmeckender Tafelapfel, Kreuzung aus Ingrid Marie und Golden Delicious.

- Gloster: Winterapfel, Ernte Nov. bis Mitte Dez. Saftiger, milder Tafel-, Back- und Kochapfel, Lagersorte.
- Golden Delicious: Winterapfel, Ernte Okt. bis Jan. Knackig fester bis leicht mürber Tafel-, Back- und Kochapfel mit süßlichem Aroma.
- Goldparmäne: Winterapfel, Ernte Okt. bis Mitte Nov. Fester, knackiger Tafel, Back- und Kochapfel mit süß-nussigem Fruchtfleisch, eine nostalgische Apfelsorte mit einem enorm hohen Vitamin-C-Gehalt.
- Granny Smith: Winterapfel, Ernte Dez. bis Jan. Hellgrüner Tafelapfel mit festem, sehr saftigem Fleisch.
- Gravensteiner: Sommerapfel, Ernte Aug. bis Sept. Süß säuerlicher, gelbgrüner bis rötlich-gelber Tafel-, Back- und Kochapfel.
- Ingrid Marie: Herbstapfel, Ernte Sept. bis Jan. Leicht mehliger, schwach rötlicher, milder Tafel-, Back- und Kochapfel.
- Jonagold: Winterapfel, Ernte Ende Okt. bis Mitte Dez. Roter, gelblicher, süßlicher fein säuerlicher Tafel-, Back- und Kochapfel, Kreuzung aus Jonathan und Golden Delicious, guter Lagerapfel.
- Jonathan: Winterapfel, Ernte Okt. bis Dez. Zufällig aus Mutanten entstanden, fein säuerlicher, süßlicher Tafel-, Back- und Kochapfel, guter Lagerapfel.
- Klarapfel, Weißer: Sommersorte, Ernte Mitte Juli bis Aug. Leicht mürber, rasch mehlig werdender Tafelapfel für den sofortigen Verzehr, da nicht lange lagerfähig.
- Rubinette: Herbstapfel, Ernte Sept. bis Dez. Grüner, rötlich gestreifter Tafel-, Back- und Kochapfel mit knackigem, saftig-süßem Fleisch, Kreuzung aus Golden Delicious und Lady Williams.

„Die Birne ist ein Geschenk Gottes"

Das obige Zitat entstammt den Aufzeichnungen Homers. In seiner Heimat Griechenland wurde die Birne schon im 8. Jh. v. Chr. in prächtigen Hainen angebaut. Sie kam über Persien in die Türkei und nach Griechenland, allerdings schon als Kulturbirne, die aus verschiedenen Wildsorten gezüchtet worden war. Erst um 1000 n. Chr. fand sie Erwähnung bei den Römern, die die Obstkultur über die Alpen in die nördlichen Regionen brachten. Birnen gelten neben den Äpfeln als das verbreitetste und bekannteste Kernobst der Welt. Sie sind wie diese das ganze Jahr erhältlich und erfreuen sich größter Beliebtheit. Allerdings beträgt die Weltproduktion nur ein Drittel der Weltapfelernte, was vor allem daran liegt, dass sie sich nicht ganz so problemlos lagern lassen und in Verarbeitung oder Zubereitung nicht so unkompliziert wie Äpfel sind.

Anbau, Ernte und Angebot

Die Birne *(Pyrus domestica)* gehört zur Familie der Rosengewächse (Rosaceae). Zu ihren wichtigsten Stammformen zählt die Holzbirne *(Pyrus communis)* sowie verschiedene Wildarten. Bereits im 16. Jh. kannte man in Deutschland 50 Birnensorten. Das Züchten von neuen Sorten wurde bis zum 19. Jh., vor allem in Klöstern, mit großer Leidenschaft betrieben. Heutzutage sind weltweit über 2500 Birnensorten bekannt, doch in den Handel gelangt nur ein Bruchteil derselben. In Europa, Asien und Nordafrika sind etwa 25 Arten verbreitet, in Ostasien baut man noch weitere Kulturformen an. Die im Vergleich zum Apfel wesentlich „sensiblere" Birne konnte erst mit der Kühllagerung eine interessante Marktfrucht werden. Doch sowohl Sommer- als auch Herbstbirnen sollten bald nach der Ernte verbraucht werden. Unter den Birnen sind, ähnlich wie bei den Äpfeln, mittlerweile viele Sorten in Vergessenheit geraten, z.B. weil es ist nicht mehr wirtschaftlich war, sie anzubauen. Die wichtigsten Anbauländer sind der Rangfolge nach: Frankreich, Italien, Deutschland, Österreich, Holland, Belgien, Chile, Argentinien, die USA und Südafrika.
Man unterscheidet grundsätzlich zwischen Tafel- und Mostbirnen, wobei letztere im Handel nur eine sehr untergeordnete Rolle spielen. Außerdem unterteilt man die Sorten je nach Erntezeit in Sommer-, Herbst- und Winterbirnen. Am Markt haben letztere wiederum nur eine geringe Bedeutung.

Noch interessanter als der rohe Verzehr ist die Weiterverarbeitung der Birnen, sei es eingekocht, eingelegt als Dosenware, zu Säften oder zu alkoholhaltigem Most. In Kombination mit Alkohol läuft die Birne dem Apfel den Rang ab. Dies lässt sich einfach erklären: Birnen sind viel säureärmer als Äpfel und darum, zu Schnäpsen, Branntwein und Likören gebrannt, ein sanfterer Trinkgenuss. Die Verarbeitung zu einem Birnenbrand, der Bekannteste, der Williams – „Willi", wie er liebevoll genannt wird –, ist sozusagen die Krönung einer jeden Birnenkarriere.

Die inneren Werte

Besonders in der Diätküche wird die Birne vielfach eingesetzt, weil sie nur wenig Fruchtsäure enthält und dadurch leicht verdaulich ist. Birnen sind reich an Mineralstoffen und Vitaminen.
In 100 Gramm essbarem Birnenanteil sind durchschnittlich etwa 84,3 Gramm Wasser, 0,47 Gramm Eiweiß, 0,29 Gramm Fett, 10 Gramm Kohlehydrate, 2,8 Gramm Ballaststoffe und 1,14 Gramm Mineralstoffe enthalten. Dazu kommen in Milligrammwerten Vitamin B1, Vitamin B2, Nicotinamid und viel Vitamin C. Allerdings sind zwischen den einzelnen Sorten deutliche Abweichungen von diesen Durchschnittswerten festzustellen. Hinsichtlich der Kalorien hält sich die Birne mit dem Apfel fast die Waage: für 100 Gramm der Frucht sind etwa 55 kcal/230 kJ zu verzeichnen.

Das „Who is who" der wichtigsten Sorten

- Abbate Fetel (Abbé Fetel): Herbstbirne, Ernte Okt. bis Nov. Grüne, schmale Tafelbirne mit knackigem, festem Fruchtfleisch und mildem Aroma.
- Bosc's Flaschenbirne: Herbstbirne, Ernte Okt. bis Nov. Grüngelbe bis gelbbraune Tafel-, Koch- und Backbirne mit saftreichem, sehr süßem Fruchtfleisch, gute Lagerbirne.
- Gellerts Butterbirne: Herbstbirne, Ernte Sept. bis Mitte Nov. Grüne bis rötlich-braune, bauchige Tafel-, Koch- und Backbirne mit fein säuerlichem Aroma.
- Gute Luise: Herbstbirne, Ernte Mitte Sept. bis Okt. Grüne, leicht rötliche Tafel-, Koch- und Backbirne mit sehr saftigem und sanft-fruchtigem Fruchtfleisch, gute Lagerbirne.
- Williams Christ: Sommerbirne, Ernte Mitte Aug. bis Okt. Grüne, sehr bauchige, saftige, süßlich-würzige Tafel-, Koch- und Backbirne, die Königin unter den Birnen.

VORSPEISEN
UND KLEINE GERICHTE

Birnenschiffchen mit Kräuterjoghurt

2 Birnen, 5 EL Portwein,
16 Scheiben Parmaschinken oder Serrano-Schinken
Für den Kräuterjoghurt: 3 frische Stängel Oregano, 250 g Naturjoghurt,
Saft von ⅓ Zitrone, 1 EL Olivenöl,
Salz, frisch gemahlener schwarzer Pfeffer

Die Birnen schälen, halbieren, entkernen und jede Birnenhälfte in 4 Spalten schneiden. Alle Birnenspalten in einer Schüssel mit dem Portwein schwenken und kurz darin ziehen lassen.

Inzwischen für den Kräuterjoghurt den Oregano waschen und trockentupfen, die Blättchen von den Stängeln zupfen und in Streifen schneiden. Zusammen mit Joghurt, Zitronensaft und Olivenöl verrühren. Mit Salz und Pfeffer würzen und in 4 Portionsschälchen verteilen.

Jede der marinierten Birnenspalten mit je 1 Scheibe Schinken umwickeln und pro Teller 4 Spalten mit einem Schälchen Dip anrichten.

☞ Sie können die Birnenspalten auch unmariniert, also naturbelassen und knackig, im Schinkenkleid servieren.

Apfelcarpaccio mit Parmesanspänen

2 Äpfel, 200 g Parmesan am Stück, 4 EL Olivenöl,
2 EL Aceto Balsamico, Salz, frisch geschroteter schwarzer Pfeffer,
2 EL Rosinen und/oder 2 EL Pinienkerne nach Belieben,
1 ofenfrisches Baguette

Die Äpfel schälen, mit einem Kernausstecher entkernen und auf einem Küchen-hobel in feinste Ringe hobeln. Die Apfelringe dekorativ auf 4 Tellern breit-flächig auslegen. Den Parmesan mit einem speziellen Käsehobel, mit dem Gemüsehobel oder mit einem Sparschäler in feine Späne hobeln und auf die Apfelteller streuen.
Olivenöl mit Aceto Balsamico, Salz und Pfeffer kräftig verschlagen. Esslöffel-weise über die angerichteten Teller träufeln. Nach Belieben mit Rosinen und/oder Pinienkernen bestreuen. Das Baguette in dünne Scheiben schneiden und dazu servieren.

Schinkenröllchen mit Quark-Apfel-Sauce

150 g Quark, 50 g Sahnemeerrettich, 1 Apfel, Salz, frisch gemahlener
schwarzer Pfeffer, 12 Scheiben gekochter Schinken

Den Quark mit dem Sahnemeerrettich verrühren. Den Apfel schälen, halbieren, entkernen und auf einem Küchenhobel fein reiben. Unter den Quark mischen, mit Salz und Pfeffer würzen.
Die Schinkenscheiben einzeln auf einer Arbeitsplatte auslegen, mit der Quark-mischung bestreichen und aufrollen. Je 3 Schinkenröllchen auf einem Vor-speisenteller anrichten.

☞ Dazu gemischtes eingelegtes Gemüse nach italienischer Art und geröstetes Weißbrot servieren.

Blätterteigpäckchen mit Früchten und Schinken

300 g TK-Blätterteig, aufgetaut
Für die Füllung: 50 g Knollensellerie, 1 kleiner Apfel, 1 kleine Birne,
2 EL Butter, Salz, frisch gemahlener Pfeffer, ¹/₂ TL Kümmel,
¹/₂ TL getrockneter Majoran, 50 g eingelegte Rote Bete (aus dem Glas),
50 g gekochter Schinken, 100 g Kräuter-Crème-Fraîche
Außerdem: Mehl für die Arbeitsfläche, 50 g flüssige Butter, 1 Eigelb,
Butter für das Blech

Für die Füllung Sellerie, Apfel und Birne schälen. Apfel und Birne entkernen und zusammen mit dem Sellerie in kleine Würfel schneiden. Die Butter in einer Pfanne erhitzen und die Würfel darin kurz andünsten. Mit Salz, Pfeffer, Kümmel und Majoran würzen. Die Rote Bete abtropfen lassen und in Streifen schneiden. Den Schinken ebenfalls in Streifen schneiden. Rote Bete und Schinken mit dem Pfanneninhalt sowie der Kräuter-Crème-Fraîche locker vermengen.
Die Blätterteigplatten einzeln auf einer bemehlten Arbeitsfläche auslegen und in Quadrate von etwa 10 Zentimetern Kantenlänge teilen. Jeweils 1 Esslöffel Füllung in die Teigmitte geben, die rechten und die linken Seiten einschlagen und von vorne aufrollen. Butter und Eigelb verquirlen und die Kanten damit verschließen, fest andrücken.
Alle Teigpäckchen auf ein gebuttertes Backblech legen und mit der Butter-Eigelb-Mischung bestreichen. Im auf 200 °C (Umluft 180 °C) vorgeheizten Ofen in etwa 20 Minuten goldgelb und knusprig backen. Herausnehmen und vor dem Servieren 10 Minuten ruhen lassen.

☞ Dazu passt Crème fraîche zum Dippen und mit Sahne verfeinertes Sauerkraut.
☞ Kalt schmecken die Täschchen noch besser, sind also ideal für ein Picknick.

Birnentoast mit Roquefort

4 Scheiben Vollkorntoast, 2 EL weiche Butter,
8 Scheiben hauchdünn geschnittener Räucherschinken, 1 große Birne,
Saft von ¼ Zitrone, 200 g Roquefort in Scheiben

Die Brotscheiben toasten und mit etwas Butter bestreichen. Den Räucherschinken darauf verteilen. Die Birne schälen, vierteln, entkernen und in Scheibchen schneiden. Mit Zitronensaft beträufeln und auf dem Schinken verteilen.
Mit der restlichen Butter bestreichen und mit Roquefort belegen. Die Toasts auf
ein Backblech setzen und in den auf 200 °C vorgeheizten Ofen mit Grillstufe
(Umluft 180 °C) schieben und gratinieren.

☞ Dazu passt Kopfsalat mit Vinaigrette.

Käse-Schinken-Toast mit Äpfeln

4 Weißbrotscheiben, 1 EL weiche Butter, 4 Scheiben gekochter Schinken,
2 Äpfel, Saft von ½ Zitrone, 4 dicke Scheiben Emmentaler,
2 EL Preiselbeeren

Die Brotscheiben leicht toasten und mit etwas Butter bestreichen. Je 1 Scheibe
Schinken darauf legen. Die Äpfel schälen, vierteln, entkernen, in Scheiben
schneiden und mit Zitronensaft beträufeln. Die Apfelscheiben auf dem Schinken
verteilen und mit der restlichen Butter bepinseln. Den Käse darauf legen und die
Toasts auf ein Backblech setzen. In den auf 200 °C vorgeheizten Ofen mit Grillstufe (Umluft 180 °C) schieben und gratinieren. Vor dem Servieren je 1 Klecks
Preiselbeeren obenauf setzen.

☞ Schmeckt köstlich mit Sauerkirschkompott.

Englischer Toast mit Birnen

1 Birne, 100 ml trockener Weißwein, 1 TL Zucker,
4 Scheiben Toastbrot, 1 TL Butter, 4 Scheiben gekochter Schinken
Für die Käsesauce: 300 g Gloucester (englischer Hartkäse),
5 EL helles Bier, 1 EL scharfer Senf, 2 Eigelb,
Salz, frisch gemahlener weißer Pfeffer

Die Birne schälen, vierteln und entkernen. Den Wein mit Zucker und 100 Milllilitern Wasser aufkochen und die Birnenstücke einlegen. Nach dem ersten Aufkochen bei geringer Hitze 5 Minuten ziehen lassen. Die Brotscheiben toasten, mit Butter bestreichen und jeweils mit 1 Schinkenscheibe belegen. Die Birnenviertel aus dem Topf nehmen, gründlich abtropfen lassen, in Fächer schneiden und auf den Toasts verteilen.
Für die Käsesauce den Käse auf einem Küchenhobel fein reiben und mit Bier, Senf sowie Eigelben in einer hitzebeständigen Schüssel über einem heißen Wasserbad cremig rühren. Die Käsemasse mit Salz sowie Pfeffer würzen und die Birnentoasts löffelweise damit überziehen. Die Toasts auf ein Backblech legen und im vorgeheizten Ofen bei 200 °C (Umluft 180 °C) mit eingeschalteter Grillstufe 5–8 Minuten überbacken.

☞ Sie können die Käsetoasts nach englischem Gusto zusätzlich mit Apfelgelee (Rezept S. 106) bestreichen.

Süß-pikante Brühe mit Apfelspalten

³/₄ l Fleischbrühe, 1 kleine Zwiebel, 1 säuerlicher Apfel,
1 Spritzer Apfelessig, 1 Prise Zucker

Die Fleischbrühe aufkochen und dann bei geringer Hitze leise köcheln lassen. Die Zwiebel schälen, halbieren, in Streifen schneiden und in die Brühe einrühren. Weitere 5 Minuten köcheln lassen. Den Apfel schälen, vierteln, entkernen und in dünne Spalten schneiden. In die Brühe geben und 5–6 Minuten ziehen lassen. Die Brühe mit Apfelessig und Zucker würzen. Zum Servieren in vorgewärmte Suppenschalen füllen.

Räucheraal im Gemüsesud mit Birnen

1 kleine Möhre, 100 g Knollensellerie, 1 Frühlingszwiebel, Salz,
1 Birne, 150 ml trockener Weißwein, 1 EL Zucker, 1 Gewürznelke,
400 g Räucheraal, ¹/₂ l Fischfond (Fertigprodukt)

Die Möhre und den Sellerie schälen und beides in feine Streifen schneiden. Die Frühlingszwiebel putzen, quer halbieren und ebenfalls streifig schneiden. Gemüsestreifen in kochendes Salzwasser geben, kurz aufkochen lassen, in ein Sieb gießen und kalt abschrecken.
Die Birne schälen, vierteln und entkernen. Weißwein mit Zucker und Nelke aufkochen und die Birnenspalten einlegen. Nach dem ersten Aufkochen bei mittlerer Hitze 3 Minuten ziehen lassen. Herausnehmen, abkühlen lassen und in 1 Zentimeter breite Streifen schneiden. Den Räucheraal häuten und das Fischfleisch quer in 1 Zentimeter breite Stücke schneiden.
Den Fischfond aufkochen, Gemüsestreifen, Aal- und Birnenstückchen zum Erwärmen kurz hineinlegen. In vorgewärmten Cappuccinotassen, kleinen Suppenschalen oder in dekorativen Suppentellern servieren.

☞ Die Kombination von der leicht süßlichen Birne, dem rauchigen Fischgeschmack und den frühlingshaften Aromen des Gemüses ist einzigartig. Am besten bei einer Stehparty mit Champagner reichen.

Crostini mit Apfel-Hähnerleber

1 Schalotte, 1 Apfel, 250 g Hähnchenlebern, 3 Stängel Petersilie,
8 EL Olivenöl, 2 EL Sherry, Salz, frisch gemahlener schwarzer Pfeffer,
12 kleine Weißbrotscheiben

Die Schalotte schälen und fein würfeln. Den Apfel schälen, vierteln, entkernen und klein würfeln. Die Hähnchenlebern unter fließendem kaltem Wasser waschen, mit Küchenpapier trockentupfen und sehr fein hacken. Die Petersilie waschen, trockentupfen, die Blättchen abzupfen und ebenfalls fein hacken.
6 Esslöffel Olivenöl in einer Pfanne erhitzen und darin Schalotten- und Apfelwürfel andünsten. Die Hähnchenlebern zugeben und unter Rühren mitbraten.

Mit Sherry ablöschen und etwa 5 Minuten weitergaren. Die Pfanne vom Herd ziehen, die Petersilie unter die Leber rühren und alles mit Salz und Pfeffer würzen. Die Weißbrotscheiben mit dem restlichen Olivenöl bepinseln und im auf 200 °C (Umluft 180 °C) vorgeheizten Ofen mit Grillstufe knusprig backen. Herausnehmen, mit lauwarmer Apfel-Hähnchenleber bestreichen und servieren.

☞ Die Crostini zusätzlich mit Petersiliensträußchen garnieren. Als Getränk gekühlten Cidre (Apfelwein) dazu servieren.

Kürbis-Apfel-Suppe

1 kg Kürbis (Moschus), 200 g Kartoffeln, 1 großer säuerlicher Apfel (z.B. Boskoop), 1 Zwiebel, 40 g Butter, ³/₄ l Hühnerbrühe, ¹/₄ l Apfelwein (oder Apfelsaft), ¹/₂ TL Currypulver, ¹/₂ TL Chilipulver, Salz, frisch gemahlener Pfeffer, ¹/₂ TL Aceto Balsamico, ¹/₈ l Sahne, 2 EL Kürbiskerne

Den Kürbis schälen, die Fasern und Kerne entfernen. Das Fruchtfleisch würfeln. Die Kartoffeln schälen und ebenfalls würfeln. Den Apfel schälen, vierteln, entkernen und wie die geschälte Zwiebel würfeln.
Die Butter in einem großen Topf zerlassen und Kürbis-, Kartoffel-, Apfel- und Zwiebelwürfel darin andünsten. Mit der Brühe ablöschen, zum Kochen bringen und 15 Minuten garen. Danach den Apfelwein (oder -saft) hinzufügen und mit Curry, Chilipulver, Salz und Pfeffer würzen. Die Suppe pürieren, mit Aceto Balsamico abschmecken und mit Sahne verfeinern. Die Kürbiskerne in einer Pfanne ohne Fett rösten und über die heiße Suppe streuen.

Müesli mit Birnen und Äpfeln

Das Original-Müesli aus der Schweiz, bekannt geworden und als Markenzeichen propagiert durch Dr. Bircher-Benner, ist ein Gemisch oder Mus (auf Schwyzerdütsch Müesli), das aus geschroteten Getreidekörnern, Honig, Früchten, Samen und Milch besteht. Mittlerweile mischt sich jeder sein Müesli mit seinen Lieblingszutaten. Ob nun mit Joghurt oder Samen, Hauptsache, es ist gesund und gibt beim morgendlichen Frühstück viel Kraft für den Tag.

Für 2 Portionen
50 g Haferflocken, 100 ml Apfelsaft, 2 EL Honig,
50 g Mandelblättchen, 1 Apfel, 1 Birne,
250 g Naturjoghurt, 2 EL Rosinen

Haferflocken mit Apfelsaft sowie Honig vermischen und in 2 große Glasschalen verteilen. Mandelblättchen darüber streuen. Apfel und Birne schälen, vierteln, entkernen, in Spalten schneiden und auf dem Haferflockenbrei verteilen. Den Joghurt durchrühren und löffelweise auf das Obst geben. Mit Rosinen bestreuen und servieren.

Griebenschmalz

500 g roher Schweinerückenspeck ohne Schwarte,
1 Stängel frischer Majoran, 1 kleiner säuerlicher Apfel

Den Speck in etwa ½ Zentimeter große Würfel schneiden und in einem Topf in etwa 45 Minuten bei geringer Hitze ausbraten. Dabei wird der Speck flüssig und am Topfboden bilden sich Grieben. Währenddessen den Majoran waschen, trockentupfen, Blättchen anzupfen und hinzufügen. Den Apfel schälen, vierteln, entkernen und nach etwa 20 Minuten in das Fett geben.
Am Ende der Garzeit Majoran und Apfelstücke herausnehmen. Das Fett mit den Grieben in kleine Steinguttöpfe schöpfen und im Kühlschrank erstarren lassen.

☞ Das Schmalz ist ein beliebter Aufstrich für kräftiges Bauernbrot. Dazu Bier oder Wein trinken. Wer möchte, kann den Apfel auch in kleine Stücke schneiden und im Fett erstarren lassen.

SALATE UND GEMÜSEVARIATIONEN

Gratinierter Sauerkraut-Birnen-Salat auf Rösti

Für den Salat: 1 Birne (z.B. Abbate Fetel), 100 g gekochter Schinken
in Scheiben, 250 g Sauerkraut (Fertigprodukt), 50 ml Sahne,
Für die Rösti: 500 g Kartoffeln (fest kochend), Salz,
frisch gemahlener schwarzer Pfeffer, 50 g Butterschmalz
Außerdem: 150 g Blauschimmelkäse in Scheiben (z.B. Bavaria blue)

Die Birne schälen, vierteln, entkernen und in Scheibchen schneiden. Den Schinken in Streifen schneiden. Das Sauerkraut mit der Sahne verrühren und in einem Topf erhitzen. Birne und Schinken untermengen. Nach dem ersten Aufkochen den Topf beiseite ziehen.

Für die Rösti die Kartoffeln schälen und auf einem Küchenhobel fein reiben. Den Kartoffelsaft fest herausdrücken und die geraspelten Kartoffeln mit Salz und Pfeffer würzen.

In einer großen oder 2 kleinen Pfannen das Butterschmalz erhitzen. Mit einem Esslöffel portionsweise Kartoffelhäufchen in das heiße Fett setzen, diese mit der Löffelunterseite flach drücken, anbraten lassen und wenden. Die goldbraunen und knusprigen Minirösti auf ein Backblech verteilen. Mit der Sauerkrautmischung und den Käsescheiben belegen und im auf 200 °C (Umluft 180 °C) vorgeheizten Ofen in etwa 10 Minuten gratinieren.

☞ Schneller geht es mit fertigen Rösti aus der Tiefkühltruhe.

Schwedischer Mimosensalat

2 Eier, 2 Fleischtomaten, 1 reife Babyananas, 1 Orange,
1 kleine Salatgurke, 1 Apfel, 1 Birne, 200 g saure Sahne,
100 g Mayonnaise, Salz, frisch gemahlener weißer Pfeffer

Die Eier in kochendes Wasser legen und in 10 Minuten hart kochen. Inzwischen die Tomaten blanchieren, häuten, von Kernen und Stielansatz befreien und das Fruchtfleisch in etwa 1 Zentimeter große Stücke schneiden. Die Eier abschrecken, pellen, halbieren und das Eigelb vom Eiweiß trennen. Das Eiweiß fein würfeln. Die Babyananas schälen, längs vierteln, den Strunk entfernen und das Fruchtfleisch in kleine Würfel schneiden. Die Orange schälen, dabei auch die weiße Haut entfernen. Aus dem Fruchtfleisch zwischen den Hautsegmenten Filets herausschneiden, den Rest als Saft ausdrücken. Die Salatgurke schälen, längs halbieren, von den Kernen befreien und in Scheiben schneiden. Apfel und Birne schälen, entkernen und ebenfalls in dünne Scheibchen schneiden. Saure Sahne mit Mayonnaise und Orangensaft verrühren. Alle Salatzutaten locker mit dem Dressing vermischen, mit Salz und Pfeffer würzen. Das zurückbehaltene Eigelb mit einer Gabel grob zerdrücken und über den Salat streuen.

Ananas-Apfel-Salat mit Zwiebeln

100 g Kokosraspel, 1 reife Babyananas, 2 Zwiebeln,
3 Stängel Koriandergrün, 2 Äpfel, Saft von 1 Orange,
100 g saure Sahne, Salz, frisch gemahlener schwarzer Pfeffer,
$^1\!/_2$ TL mildes Currypulver, 1 Prise Cayennepfeffer

Die Kokosraspel in einer heißen, ungefetteten Pfanne unter Schwenken leicht rösten. Zum Abkühlen auf einen Teller geben. Die Babyananas schälen, längs vierteln, vom Strunk befreien und das Fruchtfleisch in schmale Stücke schneiden. Die Zwiebeln schälen, halbieren und in feine Streifen schneiden. Das Koriandergrün waschen, trockentupfen, Blättchen von den Stängeln zupfen und fein hacken. Die Äpfel schälen, vierteln, entkernen und in Scheibchen schneiden. Die vorbereiteten Zutaten mit Orangensaft und saurer Sahne vermengen. Mit

Salz, Pfeffer, Curry und Cayennepfeffer kräftig würzen. Den Salat zugedeckt im Kühlschrank mindestens 1 Stunde ziehen lassen. Kurz vor dem Servieren mit den gerösteten Kokosraspeln bestreuen.

☞ Dazu passt gegrillter Fisch oder Steaks vom Grill. Idealer Salat für eine Sommerparty.

Warmer Kopfsalat mit Birnen

Für den Salat: 2 Kopfsalatherzen, Salz, 1 Zwiebel, 1 Knoblauchzehe, 200 ml Sahne, 50 g Kräuter-Crème-fraîche, frisch gemahlener schwarzer Pfeffer, 1 Msp. gemahlene Muskatnuss
Für die Garnitur: 1 Birne, 2 EL Butter, 1 TL Zucker, 2 EL gehackte Walnüsse

Für den Salat die Salatherzen putzen, waschen, trockenschleudern und quer in Streifen schneiden. In kochendem Salzwasser blanchieren, mit kaltem Wasser abschrecken und abtropfen lassen. Zwiebel und Knoblauchzehe schälen und fein würfeln. Die Sahne aufkochen und darin die Zwiebel- und Knoblauchwürfel 5 Minuten kochen lassen.
Inzwischen für die Garnitur die Birne schälen, vierteln, entkernen und in Scheiben schneiden. In einer Pfanne die Butter erhitzen, den Zucker einrühren und karamellisieren lassen. Birnenstückchen und Walnüsse darin schwenken.
Bei der Zwiebel-Knoblauch-Sahne die Hitze reduzieren, Crème fraîche einrühren und die Salatstreifen unterheben. Den Topf vom Herd ziehen und den Salat mit Salz, Pfeffer und Muskat würzen. Auf Salattellern anrichten und die karamellisierte Walnuss-Birnen-Mischung darauf verteilen.

☞ Der Salat passt hervorragend zu einer gemischten Schinkenplatte als Vorspeise oder zu einer Käseplatte als Abschluss eines Menüs. Man kann ihn aber auch einfach mit kräftigem, dunklem Brot genießen.

Radicchio mit Pinienkernen und Birnen

50 g Pinienkerne, 2 mittlere Radicchios, 1 Knoblauchzehe, 1 Schalotte,
1 TL scharfer Senf, 100 ml Olivenöl, 2 EL weißer Balsamessig,
Salz, frisch gemahlener schwarzer Pfeffer, 1 Birne

Die Pinienkerne in einer heißen Pfanne ohne Fett unter Schwenken leicht rösten. Herausnehmen und auf einem Teller abkühlen lassen.
Den Radicchio putzen, die Blätter ablösen, waschen und trockenschleudern. Die Knoblauchzehe sowie die Schalotte schälen und fein würfeln. Zusammen mit Senf, Olivenöl und Balsamessig kräftig aufschlagen. Mit Salz und Pfeffer würzen. Die Radicchioblätter auf 4 Tellern hübsch in Rosettenform anrichten. Die Birne schälen, vierteln, entkernen und auf einem Küchenhobel grob darüber raffeln. Die Salatsauce nochmals gründlich aufschlagen und löffelweise über den Salat geben. Zuletzt mit den gerösteten Pinienkernen bestreuen.

☞ Ein sehr appetitanregender Salat mit köstlichem Gusto.

Fruchtiger Käsesalat

Besonders die Engländer schwören auf Käse mit Apfelgelee. Wer es noch nicht getestet hat, sollte es unbedingt probieren. Es schmeckt delikat.

250 g Emmentaler in Scheiben, 150 g dünn geschnittenes Kassler,
100 g kleine, blaue und weiße Weintrauben, 1 Apfel, 1 Birne,
Saft von $^1/_2$ Orange, 150 g Naturjoghurt, 1 Prise Zucker,
1 EL frisch gehackter Dill, Salz, frisch gemahlener schwarzer Pfeffer
Für die Garnitur: $^1/_2$ rote Paprikaschote, 4 Weißbrotscheiben,
1 EL Butter, 2 EL Apfelgelee (Rezept S. 106)

Den Käse und das Kassler in schmale Streifen schneiden. Die Weintrauben waschen, entstielen und mit Küchenpapier trockentupfen. Apfel und Birne schälen, vierteln, entkernen und in dünne Scheibchen schneiden. Die vorbereiteten Zutaten in eine Schüssel geben.

Orangensaft mit Joghurt, Zucker, Dill, Salz und Pfeffer zu einer Salatsauce verrühren, über den Salat gießen und locker vermengen.

Für die Garnitur die Paprikaschote putzen, von Samen sowie Scheidewänden befreien und das Fruchtfleisch auf einer Küchenreibe fein hobeln. Locker über den Salat streuen. Die Weißbrotscheiben toasten, mit Butter und Apfelgelee bestreichen. Den Salat auf 4 Teller verteilen, die Toasts diagonal in Dreiecke schneiden und je 2 Toastecken auf jedem Salatteller anrichten.

Blumenkohl-Birnen-Salat

1 kleiner Blumenkohl, Salz, 2 kleine Birnen, 200 g saure Sahne,
Saft von $^1/_2$ Zitrone, 1 Prise Zucker, frisch gemahlener schwarzer Pfeffer
Für die Garnitur: 1 Prise gemahlener Cayennepfeffer,
2 EL gehobelte Haselnüsse, 1 Kästchen Kresse

Den Blumenkohl putzen, in Röschen schneiden und in Salzwasser blanchieren. Abgießen, mit kaltem Wasser abschrecken und gründlich abtropfen lassen. Die Birnen schälen, vierteln, entkernen und in Scheibchen schneiden.

Saure Sahne und Zitronensaft mit Zucker, Salz und Pfeffer verrühren. Zusammen mit den Blumenkohlröschen und den Birnenscheibchen in einer Schüssel locker vermengen. Den Salat auf 4 Teller verteilen, mit dem Cayennepfeffer bestäuben und mit den Haselnüssen bestreuen. Die Kresse abschneiden, waschen, trockentupfen und über die Salatteller streuen.

☞ Es gibt in großen Lebensmittelabteilungen von Kaufhäusern oder Feinkostgeschäften fertige Tacoschalen zu kaufen. Diese sind perfekt für eine Salatpräsentation auf dem Teller und zudem als „Sättigungsbeilage" sehr zu empfehlen.

Waldorf-Astoria-Salat

Der hier beschriebene Salat ist das Original aus dem gleichnamigen Hotel, der nebenstehende eine vegetarische Nachempfindung. John Jacob Astor (1763–1848), der aus Walldorf nahe Heidelberg stammte, erwarb sich u.a. durch den Pelzhandel ein Vermögen. Standort des Hauptfirmensitz war die Stadt Astoria im US-amerikanischen Bundesstaat Oregon, die in dieser Zeit prosperierte. Als er sich dann den Traum eines Luxushotels in New York erfüllte, gab er ihm den Namen Waldorf-Astoria. Doch nicht Mr. Astor erfand den Salat, sondern seine Köche.

*400 g frisch gekochtes Hähnchenfleisch
ohne Haut und Knochen, 1 Orange,
100 g Knollensellerie, 1 Apfel,
150 g Mayonnaise, 2 cl Madeira (portug. Likörwein),
50 g gehackte Walnüsse, Salz,
frisch gemahlener weißer Pfeffer
Für die Garnitur: 4 schöne große Kopfsalatblätter,
8 Walnusshälften*

Das Hähnchenfleisch in feine Streifen schneiden. Die Orange so schälen, dass auch die weiße Haut entfernt wird. Aus dem Fruchtfleisch zwischen den Hautsegmenten Filets herausschneiden. Das restliche Fruchtfleisch auspressen und den Saft beiseite stellen. Den Sellerie und den Apfel schälen. Den Apfel vierteln, entkernen und wie den Sellerie in dünne Streifen schneiden. Die Mayonnaise mit dem Orangensaft und mit dem Madeira verrühren. Locker mit den vorbereiteten Salatzutaten vermengen und pikant mit Salz und Pfeffer würzen.
Die Kopfsalatblätter waschen, trockenschleudern und je eines flach auf einen Vorspeiseteller legen. Den Salat darauf anrichten und jeweils mit 2 Walnusshälften garnieren.

Waldorfsalat

Im Unterschied zu dem vorangestellten Original ist dies eine vegetarische Variante, die sich im Laufe der Zeit mit den genannten Zutaten und unter diesem Namen eingebürgert hat.

200 g Knollensellerie, 2 Äpfel, Saft von 1 Zitrone, 150 g Mayonnaise,
50 g gehackte Walnüsse, Salz, frisch gemahlener weißer Pfeffer
Für die Garnitur: 1 Kopfsalatherz, 8 Walnusshälften

Den Sellerie putzen, schälen und in feine Streifen schneiden. Die Äpfel schälen, vierteln, entkernen und in dünne Stifte schneiden. Sellerie und Äpfel mit Zitronensaft locker vermischen. Mit Mayonnaise und Walnüssen verrühren, mit Salz und Pfeffer würzen.
Für die Garnitur das Kopfsalatherz putzen, die Blätter ablösen, waschen, trockenschleudern und auf 4 Teller verteilen. Den Salat darauf anrichten und mit je 2 Walnusshälften garnieren.

☞ Dazu schmeckt Baguette oder Walnussbrot.

Nudelsalat mit Äpfeln und Birnen

300 g Rigatoni (Röhrennudeln), Salz, 3 Fleischtomaten,
150 g Champignons, 4 Frühlingszwiebeln, 1 Apfel, 1 Birne,
Saft von ¹/₂ Zitrone, 1 Knoblauchzehe, 1 TL mittelscharfer Senf,
1 Eigelb, 50 ml Olivenöl, 2 EL Sherryessig,
frisch gemahlener schwarzer Pfeffer, 100 g frisch gehobelter Parmesan

Die Nudeln in reichlich kochendem Salzwasser in etwa 10 Minuten bissfest garen. Inzwischen die Tomaten blanchieren, kalt abschrecken, häuten, von Kernen und Stielansatz befreien und das Fruchtfleisch in Streifen schneiden. Die Nudeln abgießen, mit kaltem Wasser abschrecken und abtropfen lassen.
Die Champignons mit einem feuchten Tuch abreiben und in sehr feine Scheiben schneiden. Frühlingszwiebeln putzen, vom Grün befreien und in Streifen schneiden. Apfel und Birne schälen, vierteln, entkernen, in gleich große mundgerechte Stückchen schneiden und mit dem Zitronensaft beträufeln. Die Knoblauchzehe schälen und fein würfeln.
Knoblauch mit Senf und Eigelb verrühren. Das Olivenöl langsam zugießen und mit Essig, Salz und Pfeffer zu einer sämigen Sauce aufschlagen. Alle Salatzutaten mit dem Dressing locker vermengen und auf Tellern anrichten. Den Parmesan darüber streuen.

☞ Anstelle von Rigatoni können Sie auch Schmetterlings- oder Hörnchennudeln verwenden.
☞ Servieren Sie zu diesem vitaminreichen Salat Walnussbrot oder knusprige Tomaten-Crostini aus dem Ofen.
☞ Für die Parmesanhobel vom Käse einfach mit dem Sparschäler Streifen abziehen.

Orientalischer Zucchinisalat

500 g rote Zwiebeln, 500 g Zucchini, 100 ml Olivenöl, 500 g Äpfel,
1 TL Koriandersamen, Saft von 1 Zitrone, 2 EL weißer Essig, 2 EL brauner Zucker,
¹/₄ TL gemahlener Zimt, Salz, frisch gemahlener schwarzer Pfeffer,
50 g Rosinen, Saft von ¹/₂ Orange, 50 g Pinienkerne

Die Zwiebeln schälen, halbieren und in Streifen schneiden. Die Zucchini putzen und zuerst längs in dünne Scheiben und dann quer in schmale Streifen schneiden. Das Olivenöl in einer großen Pfanne erhitzen und darin die Zwiebelstreifen 5 Minuten andünsten. Die Zucchini-streifen hinzufügen, alles gut vermischen und bei geringerer Hitze weitere 8 Minuten dünsten.

Inzwischen die Äpfel schälen, vierteln, ent-kernen und in Scheibchen schneiden. Den Koriander im Mörser grob zermahlen und mit den Apfelscheiben in die Pfanne geben.

Die Zwiebel-Zucchini-Mischung mit Zitronensaft, Essig, Zucker, Zimt, Salz und Pfeffer würzen. In eine Schüssel umfüllen und etwa 1 Stunde zugedeckt im Kühlschrank ziehen lassen.

Inzwischen die Rosinen mit dem Orangensaft vermischen. Die Pinienkerne in einer heißen Pfanne ohne Fett unter Schwenken 2 Minuten rösten. Kurz abkühlen lassen und grob hacken.

Den Salat mit den Orangenrosinen und den Pinienkernen vermengen. Nochmals abschmecken und servieren.

☞ Dazu schmeckt ofenfrisches Fladenbrot.

Kartoffelsalat mit Äpfeln und Roastbeef

750 g Kartoffeln, Salz, 1 Zwiebel, 100 g gebratene Roastbeefscheiben,
1 Gewürzgurke, 4 EL Pflanzenöl, 100 ml Fleischbrühe,
2 EL Weißweinessig, 2 kleine säuerliche Äpfel,
50 g Mayonnaise, 1 TL scharfer Senf, frisch gemahlener schwarzer Pfeffer

Die Kartoffeln waschen und in kochendem Salzwasser gar kochen, abgießen und kurz abkühlen lassen. Inzwischen die Zwiebel schälen und fein würfeln. Das Roastbeef und die Gewürzgurke in Streifen schneiden.
2 Esslöffel Pflanzenöl in einer Pfanne erhitzen und darin die Zwiebelwürfel glasig andünsten. Mit der Fleischbrühe aufgießen, aufkochen lassen und vom Herd ziehen. Die Kartoffeln pellen und in Scheiben schneiden. In einer Schüssel mit dem restlichen Öl, Weißweinessig, Roastbeef sowie Gewürzgurken vermengen und mit dem Pfanneninhalt begießen. Die Äpfel schälen, vierteln, entkernen und in Scheibchen schneiden. Den Kartoffelsalat mit Äpfeln, Mayonnaise und Senf vermischen. Mit Salz und Pfeffer würzen.

☞ Den Kartoffelsalat am besten lauwarm genießen.

Rote Bete und Äpfel mit Entrecote

500 g Rote Bete, Salz, 1 EL Kümmel, 2 Äpfel, 1 TL Zucker,
3 Stängel Petersilie, 1 Schalotte, 6 EL Olivenöl, 2 EL Rotweinessig,
$^1/_2$ TL scharfer Senf, frisch gemahlener schwarzer Pfeffer,
2 Entrecotes (je etwa 200 g), 3 EL Pflanzenöl

Die Rote Bete unter fließendem kaltem Wasser gründlich bürsten, ohne die Haut dabei zu verletzen. In kochendes Salzwasser mit Kümmel legen und bei mittlerer Hitze in knapp 1 Stunde gar kochen. Abgießen, mit kaltem Wasser abschrecken, schälen und in dünne Scheiben schneiden. Die Äpfel schälen, mit einem Kernausstecher aushöhlen und in kochendem, mit Zucker versetztem Wasser einmal aufkochen lassen. Herausnehmen und in dünne Ringe schneiden. Rote-Bete-Scheiben und Apfelringe abwechselnd dachziegelartig auf 4 große Teller legen.

Die Petersilie waschen, trockentupfen, die Blättchen von den Stängeln zupfen und fein hacken. Die Schalotte schälen und fein würfeln. Olivenöl und Essig mit Petersilie, Schalottenwürfeln, Senf, Salz und Pfeffer kräftig aufschlagen. Rote Bete und Äpfel damit beträufeln.

Die Entrecotes mit Salz und Pfeffer würzen und in heißem Pflanzenöl auf beiden Seiten kräftig anbraten. Je nach gewünschtem Garzustand bei mittlerer Hitze fertig braten. Herausnehmen, in dünne Streifen schneiden und mit dem Bratensaft neben Rote Bete und Äpfeln anrichten.

☞ Zu diesem appetitanregenden und vitaminreichen „Fleischsalat" Baguette oder Vollkornbrot reichen.

Geflügelsalat mit Currydressing

Salz, 4 Pfefferkörner, 50 ml trockener Weißwein,
250 g Hähnchenbrustfilet, 100 g frische Champignons,
2 EL Walnusshälften, 100 g Gemüsemais (aus der Dose),
50 g Mayonnaise, 50 g saure Sahne, 1/4 TL Currypulver,
frisch gemahlener schwarzer Pfeffer, 1 Apfel

In einem kleinen Topf 1/2 Liter Wasser mit Salz, Pfefferkörnern und Weißwein zum Kochen bringen. Die Hähnchenbrust einlegen, aufkochen lassen und bei geringer Hitze 10 Minuten garen. Den Topf vom Herd ziehen und das Fleisch in der Brühe weitere 10 Minuten ziehen lassen. Herausnehmen, erkalten lassen und in feine Streifen schneiden.

Die Champignons mit einem feuchten Tuch abreiben und je nach Größe halbieren oder vierteln. Die Walnüsse grob hacken und den Gemüsemais abtropfen lassen. Mayonnaise mit saurer Sahne, Currypulver, Salz und Pfeffer verrühren. Den Apfel schälen, entkernen, auf einer Reibe fein raffeln und unter die Salatsauce rühren. Alle Zutaten locker vermengen und sofort servieren.

☞ Sie können den Salat auch mit dem Fleisch eines Grillhähnchens oder einer gekochten Hähnchenbrust aus der Fleischtheke zubereiten.

Chicorée mit Apfel-Senf-Matjes

2 Eier, 2 Fleischtomaten, 2 Frühlingszwiebeln, 2 Chicorée,
2 kleine säuerliche Äpfel (z.B. Elstar), 4 Matjesfilets,
200 g saure Sahne, 1 EL scharfer Senf, ¼ TL Currypulver,
Salz, frisch gemahlener schwarzer Pfeffer,
Saft von ¼ Zitrone, 1 Schälchen Brunnenkresse
Außerdem: 8 hauchdünne Scheiben Parmaschinken, 8 Grissini

Die Eier in 10 Minuten hart kochen. Inzwischen die Tomaten blanchieren, häuten, von Kernen und Stielansatz befreien und das Fruchtfleisch in Streifen schneiden. Die Frühlingszwiebeln putzen und fein würfeln.
Die Eier kalt abschrecken, pellen und fein hacken. Den Chicorée putzen, dabei den bitteren Kern keilförmig herausschneiden und das Wurzelende 1 Zentimeter breit abschneiden. Die Stauden in Streifen schneiden und waschen. Die Äpfel schälen, vierteln, entkernen und in Stifte schneiden. Die Matjesfilets in möglichst feine Streifen schneiden. Die saure Sahne mit Senf, Curry, Salz, Pfeffer und Zitronensaft kräftig würzen.
Alle vorbereiteten Zutaten in einer Schüssel locker mit dem Dressing vermengen und auf 4 Tellern anrichten. Die Brunnenkresse abschneiden, waschen, trockenschütteln und zum Garnieren über den Salat streuen. Jedes Grissino mit einer Schinkenscheibe umwickeln und jeden Salatteller mit 2 Stangen dekorieren.

Rohkost mit Teufelssauce

1 Zucchini, 1 Möhre, 1 Paprikaschote, 1 kleiner Kohlrabi,
2 Äpfel, Saft von ½ Orange
Für den Dip: 100 g Mayonnaise, 100 g saure Sahne,
2 EL Tomatenketchup, 1 TL Weinbrand, 1 TL Zitronensaft,
etwas Worcestersauce, ein paar Tropfen Tabasco, Salz,
frisch gemahlener schwarzer Pfeffer, 1 Hauch Cayennepfeffer

Für den Dip die Mayonnaise mit saurer Sahne, Ketchup, Weinbrand und Zitronensaft verrühren. Mit Worcestersauce, Tabasco, Salz und schwarzem Pfeffer kräftig würzen. Die Sauce in 4 Portionsschälchen füllen und jeweils mit Cayennepfeffer bestäuben.

Für die Rohkost das Gemüse putzen. Zucchini, Möhre, Paprika und Kohlrabi in gleichmäßige Stäbchen schneiden. Diese nach Sorten getrennt auf 4 Tellern anrichten, dabei je ein Saucenschälchen in der Tellermitte platzieren. Die Äpfel schälen, vierteln, entkernen und in Spalten schneiden. In einer Schüssel in Orangensaft „baden" und auf den Tellern hübsch anrichten.

Krabbensalat mit Äpfeln

2 EL Rosinen, 2 EL Orangensaft, 2 kleine säuerliche Äpfel,
100 g Ananasstücke mit etwas Saft (aus der Dose),
200 g gepulte Nordseekrabben, 150 g Naturjoghurt,
Salz, frisch gemahlener schwarzer Pfeffer, 1 Prise Zucker,
1 Prise Cayennepfeffer, 2 Kopfsalatherzen, 1 kleine Zwiebel,
2 EL Olivenöl, 1 EL Sherryessig, 2 EL Mandelstifte

In einer Schüssel die Rosinen mit dem Orangensaft vermengen. Die Äpfel schälen, vierteln, entkernen und in Scheibchen schneiden. Zusammen mit Ananasstücken, Nordseekrabben und Joghurt unter die Rosinen-Saft-Mischung mengen. Mit Salz, Pfeffer, Zucker und Cayennepfeffer würzen. Etwa 10 Minuten zugedeckt ziehen lassen.

Inzwischen die Kopfsalatherzen zerpflücken, waschen und trockenschleudern. Die Zwiebel schälen, fein würfeln und mit Olivenöl, Sherryessig, Salz und Pfeffer verrühren. Die Salatblätter durch das Dressing ziehen, auf 4 Tellern anrichten. Mit dem Krabbensalat belegen und mit Mandelstiften bestreuen.

HERZHAFTE HAUPTGERICHTE UND BEILAGEN

Himmel und Erde

Das Gericht, das in den Küchen des Rheinlands und Westfalens beheimatet ist, hat einen sehr symbolträchtigen Namen: Die Äpfel wachsen hoch am Baum und repräsentieren somit den Himmel. Die Kartoffeln wachsen in der Scholle und versinnbildlichen damit die Erde. In kärglichen Zeiten war dieses Gericht eine Art kulinarische Aufmunterung: Mag es einem auch schlecht gehen, Äpfel und Kartoffeln stehen selbst in noch so harten Tagen zur Verfügung.

750 g Kartoffeln (mehlig kochend), Salz, 1 Lorbeerblatt,
750 g säuerliche Äpfel, 150 g Räucherspeck, 1 Zwiebel,
etwas abgeriebene Schale von 1 unbehandelten Zitrone,
1 ¹/₂ EL Zucker, 1 EL Butterschmalz, 50 g weiche Butter

Die Kartoffeln waschen, schälen und in Salzwasser unter Zugabe des Lorbeerblatts in etwa 30 Minuten gar kochen. Inzwischen die Äpfel schälen, vierteln, entkernen und in Spalten schneiden. Den Räucherspeck in feine Würfel schneiden. Die Zwiebel schälen und fein würfeln.
Die Äpfel mit 200 Millilitern Wasser, Zitronenschale und Zucker in einen Topf geben und aufkochen. Dann bei geringer Hitze in 5–8 Minuten fertig garen. Das Butterschmalz erhitzen und darin die Speck- und Zwiebelwürfel in etwa 10 Minuten goldbraun braten.
Die Kartoffeln abgießen, kurz ausdampfen lassen und durch eine Kartoffelpresse drücken. Die Butter einrühren und das Püree salzen. Die gekochten Äpfel etwas abgießen und unter die Stampfkartoffeln heben. Auf 4 Teller verteilen und löffelweise mit dem Speck-Zwiebel-Gemisch überziehen.

☞ Dazu passen Blutwürste, Leberwürste oder gekochtes Surfleisch.

Gorgonzola-Fondue

Zum Dippen: 1 Baguette, 200 g blaue und weiße Weintrauben,
2 Birnen, 2 Äpfel, 100 g schwarze und grüne Oliven
Für das Fondue: 400 g Gorgonzola, 200 g Géramont,
2 EL Speisestärke, 2 EL Marsala (italienischer Dessertwein),
¹/₄ l trockener Weißwein

Das Baguette in gleich große mundgerechte Stückchen schneiden und, eingehüllt in eine Stoffserviette, in einem Brotkorb anrichten. Die Weintrauben
waschen, entstielen und mit Küchenpapier trockentupfen. Birnen und Äpfel
schälen, vierteln, entkernen und etwas kleiner als die Brotstückchen schneiden.
Alle Zutaten zum Dippen, so auch die Oliven, in Schälchen anrichten und auf
den Tisch stellen.
Gorgonzola und Géramont grob zerkleinern und in einem Topf mit Speisestärke,
Marsala und dem Weißwein verrühren. Das Käsegemisch mit einem Holzlöffel
bei geringer Hitze schmelzen, cremig rühren und anschließend in das Caquelon
umfüllen und auf den Tischrechaud stellen. Die Dipzutaten abwechselnd in das
Käsefondue tauchen.

☞ Zum Fondue eine gemischte Schinkenplatte servieren.
☞ Das Original-Caquelon kann nicht auf den Herd gestellt werden, allerdings
gibt es mittlerweile Fonduetöpfe für Käse, die sich hierfür eignen und die sich am
Tisch auf einen dafür vorgesehenen elektrisch erhitzbaren Sockel stellen lassen.

Käsefondue mit Früchten und Schinken

Zum Dippen: 1 Baguette, 150 g gekochter Schinken in Scheiben,
2 Birnen, 2 Äpfel
Für das Fondue: 1 Knoblauchzehe, 300 g Emmentaler,
300 g Appenzeller, 1 EL Speisestärke, ¹/₄ l Cidre (Apfelwein)
Außerdem: grob geschroteter schwarzer Pfeffer

Das Baguette zum Dippen in gleich große mundgerechte Stücke schneiden und,
eingehüllt in eine Stoffserviette, in einem Brotkorb anrichten. Die Schinken-

scheiben etwa 2 Zentimeter große Stücke schneiden. Birnen und Äpfel schälen, vierteln, entkernen und ebenfalls in mundgerechte Stücke schneiden. Alles getrennt in Servierschalen anrichten und auf den Tisch stellen.

Für das Fondue die Knoblauchzehe schälen, halbieren und mit den Schnittflächen das Caquelon ausreiben. Die beiden Käsesorten auf einem Küchenhobel fein reiben. Zusammen mit Speisestärke und Cidre in einem Topf verrühren und bei mäßiger Hitze auf dem Herd schmelzen. Die leicht brodelnden Käsemasse in das Caquelon umfüllen und auf einen Tischrechaud stellen.

Ein Stück Schinken zusammen mit einem Apfel- oder Birnenstück aufspießen und in das Käsefondue tauchen. Abwechselnd mit Brot genießen und jeden Käsebissen mit grob geschrotetem schwarzem Pfeffer würzen.

Ramequin mit Birnen

1 Birne, 6 Scheiben Weißbrot (Toastbrot), 6 Scheiben Käse von
3–4 mm Dicke (Gruyère oder Emmentaler), 200 ml Sahne,
2 Eier, Salz, frisch gemahlener schwarzer Pfeffer,
1 Msp. Paprikapulver (scharf), 2 EL Butterflöckchen
Außerdem: Butter für die Form

Die Birne schälen, vierteln, entkernen und in dünne Scheibchen schneiden. Die Weißbrot- und Käsescheiben halbieren. Eine Auflaufform mit Butter ausstreichen und die Birnen-, Brot- und Käsescheiben abwechselnd dachziegelartig in die Form schichten. Die Sahne mit den Eiern verquirlen, mit Salz, Pfeffer und Paprika würzen und darüber gießen. Ein paar Butterflöckchen obenauf setzen. Den Auflauf in den auf 200 °C (Umluft 180 °C) vorgeheizten Ofen schieben und in knapp 30 Minuten goldbraun und knusprig backen.

☞ Dazu passen Blattsalate mit Vinaigrette.

Kartoffel-Latkes mit Würzäpfeln

Für die Würzäpfel: 3 Äpfel (z.B. Granny Smith), ¹/₂ Vanilleschote,
50 g Zucker, 1 Zimtstange, je 2 Gewürznelken und Anissterne
Für die Latkes: 500 g Kartoffeln, 3 Eier, Salz,
frisch gemahlener weißer Pfeffer, 1 Prise geriebene Muskatnuss,
etwa 100 ml Pflanzenöl
Außerdem: 200 g saure Sahne

Für die Würzäpfel die Früchte schälen, entkernen und in Spalten schneiden. Einen Topf mit etwa 150 Millilitern Wasser, dem Mark der Vanilleschote, Zucker, Zimt, Nelken und Anissternen aufkochen. Die Apfelspalten einlegen und nach dem ersten Aufkochen etwa 10 Minuten ziehen lassen.
Für die Latkes die Kartoffeln waschen, schälen und auf einer Küchenreibe fein raspeln. Mit den Eiern vermengen und mit Salz, Pfeffer sowie Muskat würzen. Das Pflanzenöl in einer Pfanne portionsweise erhitzen und darin die Latkes braten. Dafür je 1 Esslöffel Kartoffelteig in das heiße Öl geben, mit der Löffelunterseite flach drücken, goldbraun braten, wenden und fertig braten.
Die Latkes auf Küchenpapier abtropfen lassen und auf vorgewärmten Tellern anrichten. Die Würzäpfel um die Latkes herum löffelweise anrichten. Die saure Sahne separat dazu reichen oder die Latkes löffelweise damit überziehen.

☞ Ein sehr beliebtes Gericht aus der jüdischen Küche.

Gratinierte Trauben- und Schinkenbirnen

100 g süße, blaue Trauben, 2 Birnen, 8 Scheiben gekochter Schinken,
150 g Parmesan, 150 g Stilton (englischer Schimmelkäse), 2 EL Butter,
1 EL Mehl (Type 405), ¹/₄ l Milch, 200 ml Sahne, 2 Eier
Außerdem: Butter für die Form

Die Trauben waschen, entstielen und mit Küchenpapier trockentupfen. Die Birnen schälen, vierteln, entkernen und in Scheibchen schneiden. Die Schinkenscheiben in Streifen schneiden. Eine Auflaufform mit Butter ausfetten. Trauben, Birnen und Schinken mischen und in der Form verteilen. Parmesan und Stilton zerkleinern. In einem Topf Butter aufschäumen und das Mehl einrühren. Unter fortwährendem Rühren die Mehlschwitze mit Milch und Sahne aufgießen. Nach dem ersten Aufkochen die Sauce weitere 5–8 Minuten einkochen lassen. Die beiden Käsesorten einrühren, cremig schmelzen und den Topf vom Herd ziehen. Die Käsesauce kurz abkühlen lassen. Die Eier trennen und die Eigelbe einrühren. Das Eiweiß steif schlagen, unterheben und alles gleichmäßig auf der Früchte-Schinken-Mischung verteilen. In den auf 200 °C (Umluft 180 °C) vorgeheizten Ofen schieben und in etwa 40 Minuten goldgelb überbacken. Sofort servieren.

Gratin von Birnen und Kartoffeln

*500 g Kartoffeln, 2 Birnen, 1 EL Zitronensaft,
nach Belieben 2 cl Williams (Birnenbrand), Salz,
grob gestoßener schwarzer Pfeffer, 2 Lorbeerblätter, $^1/_4$ l Sahne,
100 g frisch geriebener Käse (Gouda, Edamer oder Emmentaler)
Außerdem: Butter für die Form*

Die Kartoffeln waschen, schälen und in dünne Scheiben schneiden. Die Birnen schälen, vierteln, entkernen und ebenfalls in Scheiben schneiden. Kartoffel- und Birnenscheiben dachziegelartig und abwechselnd in eine gebutterte Auflaufform schichten. Mit Zitronensaft und nach Belieben mit Williams beträufeln, mit Salz und Pfeffer würzen. Die Lorbeerblätter darauf legen und alles mit Sahne über- gießen. Die Form mit Alufolie abdecken. Im auf 180 °C (Umluft 160 °C) vor- geheizten Ofen etwa 30 Minuten garen. Die Folie abnehmen, den Käse darüber streuen und bei starker Oberhitze goldgelb gratinieren.

Müslidatschi mit Äpfeln und Joghurtsauce

Für die Datschi: 750 g Kartoffeln, 1 kleine Möhre, 2 Äpfel,
2 EL Rosinen, 2 EL gehackte Haselnüsse, 100 g gemischte Weizen-
und Gerstenflocken, 2 Eier, 2 EL saure Sahne
Für die Joghurtsauce: ¹/₂ Bund Schnittlauch, 250 g Naturjoghurt,
1 TL Zitronensaft, Salz, frisch gemahlener schwarzer Pfeffer
Außerdem: 50–80 g Butterschmalz zum Ausbraten

Für die Datschi die Kartoffeln waschen, schälen und auf einem Küchenhobel fein reiben. Den Kartoffelsaft fest herausdrücken. Die Möhre sowie die Äpfel schälen, beides ebenfalls auf dem Küchenhobel reiben. Kartoffeln, Möhre und Äpfel mit allen anderen für die Datschi angegebenen Zutaten verrühren und etwa 10 Minuten quellen lassen.

Inzwischen für die Joghurtsauce den Schnittlauch abbrausen, trockentupfen, in Röllchen schneiden und mit dem Joghurt verrühren. Die Sauce mit Zitronensaft, Salz und Pfeffer würzen.

Das Butterschmalz portionsweise in einer größeren Pfanne erhitzen. Für die Datschi je 1 Esslöffel Teig in die Pfanne geben, mit der Löffelunterseite flach drücken, goldbraun braten und wenden. Die knusprigen Datschi auf Küchenpapier abtropfen lassen und mit der Joghurtsauce servieren.

☞ Der Name Datschi stammt aus Bayern. In Berlin z.B. heißen die Küchlein Puffer oder Püfferken, im Rheinland Rievkooche. Im Prinzip ist immer das Gleiche gemeint: ein Teig auf der Basis geriebener Kartoffeln, der mit verschiedenen Zutaten variiert werden kann und der in der Pfanne flach gedrückt (zerdatscht) und gebraten wird.

Strudel mit Birnen und Blutwurst

Für den Strudelteig: 200 g Mehl (Type 405), Salz,
100 ml lauwarmes Wasser, 2 EL Pflanzenöl
Für die Füllung: 2 feste Birnen, 2 EL Zucker,
4 cl Williams (Birnenbrand), 4 frische Blutwürste, 1 Ei, Salz,
frisch gemahlener schwarzer Pfeffer, ¹/₂ TL getrockneter Majoran,
etwas abgeriebene Schale 1 unbehandelten Zitrone
Für die Sauce: 1 kleine Zwiebel,150 g gekochtes Sauerkraut,
1 EL Butter, 500 ml Bratensauce,
Salz und frisch gemahlener Pfeffer nach Belieben
Außerdem: Mehl zum Ausrollen, Butter für das Blech
und zum Bepinseln

Für den Strudelteig Mehl und Salz auf eine Arbeitsplatte sieben. Mit dem Handrücken eine Vertiefung hineindrücken, Wasser und Öl rasch einarbeiten. Einen
glatten Teig kneten, diesen in Klarsichtfolie hüllen und an einem warmen Ort
30 Minuten ruhen lassen.
Inzwischen für die Füllung die Birnen schälen, vierteln, entkernen und in
Scheiben schneiden. Zusammen mit Zucker, Williams und einem Schuss Wasser
bissfest dünsten. Die Blutwürste aus den Därmen drücken und mit dem Ei
geschmeidig rühren, mit Salz, Pfeffer, Majoran und Zitronenschale würzen. Den
Strudelteig auf einem bemehlten Küchentuch ausrollen. Die Blutwurstmasse und
die Birnenscheiben darauf verteilen, dabei einen Rand von 6−8 Zentimetern
freilassen. Den Strudel aufrollen, dabei die Seiten einschlagen. Auf ein gefettetes
Blech gleiten lassen. Den Strudel üppig mit Butter bepinseln und im auf 200 °C
(Umluft 180 °C) vorgeheizten Ofen etwa 35 Minuten backen.
Inzwischen für die Sauce die Zwiebel schälen und fein würfeln. Das Sauerkraut
klein schneiden. Beides in heißer Butter kurz andünsten. Mit Bratensauce aufgießen, aufkochen und nach Bedarf mit Salz und Pfeffer abschmecken. Den fertigen Strudel etwa 15 Minuten ruhen lassen, dann in Scheiben schneiden und
mit der Sauerkrautsauce servieren.

Holsteiner Birnenessen mit grünen Bohnen

750 g Brechbohnen, Salz, 250 g Räucherspeck, 1 Zwiebel,
¹/₂ Bund Petersilie, 2 frische Zweige Bohnenkraut,
frisch gemahlener schwarzer Pfeffer, ³/₄ l Fleischbrühe, 4 feste Birnen

Die Bohnen putzen und dritteln. In kochendes Salzwasser geben und 5 Minuten kochen lassen. Abgießen, mit kaltem Wasser abschrecken und abtropfen lassen. Den Speck in kleine Würfel schneiden. Die Zwiebel schälen, halbieren und in Streifen schneiden. Die Petersilie waschen, trockentupfen, Blättchen von den Stängeln zupfen und fein hacken. Die Bohnenkrautzweige nur waschen.
In einem großen Topf die Speckwürfel auslassen und die Zwiebelstreifen darin braten. Bohnen hinzufügen, einige Minuten durchschwenken und mit Salz und Pfeffer würzen. Die Fleischbrühe angießen und nach dem ersten Aufkochen den Topf mit einem Deckel verschließen. Die Birnen schälen, vierteln, entkernen und zusammen mit dem Bohnenkraut in den Topf geben. Das Gericht etwa 30 Minuten schmoren.

☞ Der „Gröne Hein" (grüner Heinrich) ist in Holstein ein sehr beliebtes Essen, das mit Pellkartoffeln serviert wird.
☞ Anstelle von Fleischbrühe Gemüsebrühe oder einfach Wasser verwenden.

Pellkartoffeln mit Apfel-Zwiebel-Gemüse und Kürbisschmand

1 kg Kartoffeln, Salz, 1 TL Kümmel, 2 Zwiebeln, 5 EL Pflanzenöl,
2 Äpfel, 25 g Kräuterbutter (Portionsstück), Salz,
frisch gemahlener schwarzer Pfeffer, 1 Prise Zucker,
50 g Kürbiskerne, 250 g Schmand, 1 EL Kürbiskernöl

Die Kartoffeln waschen und in mit Kümmel versetztem Salzwasser in etwa 30 Minuten gar kochen.
Inzwischen die Zwiebeln schälen, halbieren und in Streifen schneiden. Das Öl in einer Pfanne erhitzen und darin die Zwiebelstreifen etwa 5 Minuten dünsten.

Die Äpfel schälen, vierteln, entkernen, in Spalten schneiden und unter die Zwiebeln rühren. Kräuterbutter hinzufügen und alles mit Salz, Pfeffer und Zucker würzen. Bei geringer Hitze 5–8 Minuten weiterdünsten.

In einer heißen Pfanne ohne Fett die Kürbiskerne unter Schwenken so lange rösten, bis sie zu duften beginnen. Herausnehmen, kurz abkühlen lassen und im Mörser leicht zerstoßen. Den Schmand mit Kürbiskernöl cremig rühren.

Die Kartoffeln abgießen, kurz ausdampfen lassen, pellen und auf 4 Teller verteilen. Das Apfel-Zwiebel-Gemüse daneben anrichten. Den Kürbisschmand mit den Kürbiskernen bestreuen und separat dazu reichen.

Gebratene Birnen und Kartoffeln mit Käse

1 Zwiebel, 750 g Pellkartoffeln vom Vortag, 2 Birnen,
50 g Butterschmalz, Salz, frisch gemahlener schwarzer Pfeffer,
200 g Edelschimmelkäse (Bavaria blue oder Gorgonzola)

Die Zwiebel schälen und in Streifen schneiden. Die Pellkartoffeln schälen und in Scheiben schneiden. Die Birnen schälen, entkernen und in dünne Spalten schneiden. Das Butterschmalz in einer größeren, ofenfesten Pfanne erhitzen und darin die Zwiebelstreifen andünsten. Kartoffelscheiben sowie Birnenspalten hinzufügen und unter Schwenken etwa 10 Minuten durchbraten. Mit Salz und Pfeffer würzen. Den Käse in kleine Stückchen schneiden, darüber streuen und die Pfanne in den auf 180 °C (Umluft 160 °C) vorgeheizten Ofen mit Grillstufe stellen. Den Käse in etwa 5 Minuten schmelzen lassen und das Gericht in der Pfanne servieren.

☞ Dazu schmeckt eine große Schüssel bunt gemischter Salat ganz besonders gut.
☞ Wenn Sie mit frisch gekochten Kartoffeln Bratkartoffeln herstellen, kleben diese leicht am Pfannenboden und werden nicht so knusprig. Am besten, wie beschrieben, Pellkartoffeln am Vortag kochen.

Gebratene Gans mit Apfel-Maronen-Füllung

Für 8 Portionen
1 küchenfertige Gans von etwa 5 kg
Für die Füllung: 500 g Maronen, 500 g säuerliche Äpfel,
Saft von 1 Zitrone, 2 EL Butter, Salz, 1 EL Zucker, 1 Prise getrockneter
Majoran, 100 ml Fleischbrühe, frisch gemahlener weißer Pfeffer
3 frische Stängel Beifuß, 200 ml kochendes Wasser, 150 ml helles Bier
Außerdem: Metall- oder Holzspieße

Für die Füllung die Maronen mit einem kleinen Messer an den Oberflächen kreuzweise einschneiden. Auf ein Backblech geben und für etwa 20 Minuten in den auf 200 °C (Umluft 180 °C) vorgeheizten Ofen schieben. Inzwischen die Äpfel schälen, vierteln und entkernen. Dann in Scheibchen schneiden, in eine Schüssel legen und mit dem Zitronensaft beträufeln.
Die Maronen aus dem Ofen nehmen, sorgfältig schälen und halbieren. In einem Topf die Butter erhitzen, Maronen und Äpfel unter Rühren darin kurz dünsten. Mit Salz, Zucker sowie Majoran würzen und mit der Brühe aufgießen. Den Topfinhalt bei geringer Hitze 3–4 Minuten dünsten, vom Herd ziehen.
Die Gans unter fließendem kaltem Wasser innen und außen gründlich waschen. Mit einem Küchentuch trockenreiben, innen und außen mit Salz und Pfeffer würzen. Die Beifußzweige waschen, trockentupfen und zusammen mit der Apfel-Maronen-Mischung vorsichtig in den Bauchraum füllen. Den Bauch mit Metall- oder Holzspießchen verschließen (bzw. mit Küchengarn zunähen). Die Gans mit der Brustseite nach unten in einen entsprechenden Bräter oder in eine Fettpfanne setzen und mit dem kochenden Wasser begießen. Den Bräter auf die unterste Schiene in den auf 200 °C (Umluft 180 °C) vorgeheizten Ofen schieben. Nach einer Bratzeit von etwa 1 Stunde die Gans wenden und dabei mit einer Gabel mehrmals einstechen, damit das Gänsefett besser austreten kann. Die Gans immer wieder damit begießen.
Nach einer Garzeit von weiteren 1 ½ Stunden die Gans mit Bier bepinseln, damit sich eine schöne Kruste bilden kann. Den Vogel in den letzten 10 Minuten bei offener Ofentür braten lassen. Herausnehmen, mit Alufolie bedecken und 10 Minuten ziehen lassen. Den Bratenfond durch ein Sieb in einen Topf gießen und 10 Minuten durchkochen lassen. Die Gans in etwa 8 Stücke schneiden und zusammen mit der Füllung auf einer Servierplatte anrichten. Die Sauce separat dazu reichen.

☞ Dazu passt Rotkohl mit Zimtorangen und Äpfeln (Rezept S. 65) sehr gut.
☞ Grundsätzlich ist eine Gänsesauce immer sehr gehaltvoll. Zur Entfettung der Sauce auf die Oberfläche zwei- bis dreimal ein Blatt Küchenpapier legen und es wegwerfen. Wer sie noch stärker entfetten möchte, sollte die Sauce erkalten lassen und dann die an der Oberfläche erstarrte Fettschicht abnehmen. Ein Schuss Apfelkorn macht die Sauce in jedem Fall leichter verdaulich.

Halsgratsteaks in Pfeffer-Apfel-Rahm

1 große Zwiebel, 1 Apfel, 4 Halsgratsteaks, Salz,
frisch gemahlener weißer Pfeffer, 3 EL Pflanzenöl, 1 EL Butter,
3 EL Calvados (Apfelbrand), 200 ml Sahne,
2 EL zerdrückte grüne Pfefferkörner

Die Zwiebel schälen, halbieren und in Streifen schneiden. Den Apfel schälen, vierteln, entkernen und in dünne Spalten schneiden.
Die Halsgratsteaks leicht flach klopfen und mit Salz und Pfeffer würzen. In heißem Pflanzenöl von beiden Seiten 5 Minuten braten. Herausnehmen, auf einen Teller legen und mit Alufolie bedecken.
Die Butter in den Bratensatz gleiten lassen und darin Zwiebelstreifen und Apfelspalten etwa 5 Minuten braten. Mit Calvados ablöschen und mit Sahne zugießen. Die Sauce 5–8 Minuten leise köcheln lassen. Die Pfefferkörner einrühren und die Sauce mit Salz sowie Pfeffer würzen. Den Bratensaft der beiseite gestellten Steaks unter die Sauce rühren. Die Steaks auf Teller verteilen und mit der Sauce überziehen.

☞ Sie können noch 1 Teelöffel Kräutermischung (TK) unter die Sauce rühren.

Geschnetzeltes vom Reh mit Bratäpfeln

Für die Bratäpfel: 2 EL Rosinen, 2 EL Rum, 4 Löffelbiskuits,
1 EL Butter, 1 EL Zucker, 1 Prise gemahlener Zimt,
50 g Marzipanrohmasse, 4 Äpfel (z.B. Jonathan), ⅛ l Apfelsaft
Für das Geschnetzelte: 500 g Rehnuss (oder Rehrückenfilet),
1 kleine Zwiebel, 150 g Champignons, 3 EL Pflanzenöl, Salz,
frisch gemahlener Pfeffer, 1 EL Butter,
100 ml Wildsauce (auch Fertigprodukt), 200 ml Sahne
Außerdem: Butter für die Form

Für die Bratäpfel die Rosinen mit dem Rum beträufeln. Die Löffelbiskuits zerbröseln und in heißer Butter etwa 2 Minuten braten. Anschließend mit Zucker, Zimt, Marzipan und den Rumrosinen verrühren. Die Äpfel waschen, jeweils einen 1 Zentimeter dicken Deckel abschneiden und dann die Äpfel mit einem Kernausstecher großzügig aushöhlen. Die Äpfel mit der Marzipanmasse füllen, die Deckel aufsetzen und die Äpfel in eine gebutterte Auflaufform setzen. Mit Apfelsaft begießen, in den auf 180 °C (Umluft 160 °C) vorgeheizten Ofen schieben und etwa 30 Minuten garen.

Inzwischen für das Geschnetzelte das Rehfleisch in feine Streifen schneiden. Die Zwiebel schälen und fein würfeln. Die Champignons mit einem feuchten Tuch abreiben, putzen und je nach Größe halbieren oder vierteln.

Das Öl in einer Pfanne erhitzen und darin die Fleischstreifen portionsweise von allen Seiten kurz braten. Herausnehmen, auf einen Teller legen, mit Salz und Pfeffer würzen und mit Alufolie abdecken. Die Butter in den Bratensatz gleiten lassen und darin die Zwiebelwürfel andünsten. Die Champignons hinzufügen und unter Rühren so lange braten, bis die Pilzflüssigkeit verkocht ist. Wildsauce sowie Sahne zugießen und 5–8 Minuten leise köcheln lassen. Mit Salz und Pfeffer abschmecken und die Fleischstreifen samt Saft unterziehen. Je 1 Bratapfel in die Mitte des Tellers setzen und das Geschnetzelte vom Reh löffelweise rundherum anrichten.

☞ Dazu Spätzle mit gebräunten Mandeln servieren.

Hirschragout mit Rotweinbirnen

1 kg Hirschschulter
Für die Beize:
100 g Möhren, 50 g Knollensellerie, 150 g Zwiebeln, 1 Knoblauchzehe,
8 Wacholderbeeren, 2 Gewürznelken, 10 Pfefferkörner, 2 Lorbeerblätter,
1 Zweig Thymian, 1 l trockener Rotwein, 4 EL Pflanzenöl,
Salz, frisch gemahlener Pfeffer, 1 EL Tomatenmark
Für die Rotweinbirnen:
2 Birnen, $^1/_4$ l trockener Rotwein, Zucker, 4 TL Preiselbeeren

Am Vortag das Fleisch von Häuten und Sehnen befreien und in 2 $^1/_2$ – 3 Zentimeter große Würfel schneiden. Möhren, Sellerie und Zwiebeln grob würfeln. Knoblauch schälen und fein hacken. Die Fleischwürfel nebeneinander in eine Fettpfanne legen und das klein geschnittene Gemüse darauf verteilen. Gewürze und Kräuter dazugeben und den Rotwein angießen. Das Blech mit Alufolie abdecken und das Fleisch über Nacht marinieren lassen.

Am nächsten Tag die Marinade samt dem Hirschfleisch vorsichtig durch ein Sieb gießen und die Flüssigkeit auffangen. Das Fleisch herausnehmen und mit Küchenpapier trockentupfen.

Das Pflanzenöl in einem großen Topf erhitzen und das Fleisch rundherum anbraten, mit Salz und Pfeffer würzen. Das abgetropfte Gemüse dazugeben und mitbraten. Tomatenmark unterrühren und ebenfalls anbraten. Die Marinade zugießen und, falls nötig, so viel Wasser zugeben, dass Fleisch und Gemüse vollständig bedeckt sind. Bei geschlossenem Topf und mittlerer Hitze 1 Stunde schmoren lassen.

Inzwischen für die Rotweinbirnen die Früchte schälen, halbieren, vom Kerngehäuse befreien und etwa 20 Minuten in dem mit Zucker versetzten Rotwein bissfest dünsten.

Die Wildsauce vor dem Servieren nochmals abschmecken und mit dem Fleisch auf Teller verteilen. Die Rotweinbirnen daneben anrichten und jeweils mit 1 Teelöffel Preiselbeeren garnieren.

☞ Dazu passen grüner Salat und Knödel oder Spätzle.

Schweinekoteletts mit Zwiebeln und Äpfeln

4 Schweinekoteletts, Salz, frisch gemahlener schwarzer Pfeffer,
4 EL Pflanzenöl
Für die Sauce: 2 Zwiebeln, 2 Äpfel, 1 EL Butter,
50 Sauerkirschen mit Saft (Glas)

Die Schweinekoteletts auf beiden Seiten leicht klopfen, mit Salz und Pfeffer würzen. Das Öl in einer größeren Pfanne erhitzen und darin die Koteletts auf jeder Seite 5–8 Minuten braten. Herausnehmen, auf einen Teller legen und zum Nachziehen mit Alufolie abdecken.
Für die Sauce die Zwiebeln schälen, halbieren und in Streifen schneiden. Die Äpfel schälen, vierteln, entkernen und in Scheibchen schneiden.
Die Butter in den Bratensatz gleiten lassen und darin Zwiebeln sowie Äpfel unter wiederholtem Schwenken 10 Minuten braten. Mit Salz und Pfeffer würzen. Den Bratensaft der beiseite gestellten Koteletts zum Pfanneninhalt gießen und die Sauerkirschen mit Saft unterrühren. Die Koteletts auf 4 Teller verteilen und mit der Zwiebel-Apfel-Mischung belegen.

☞ Man kann das Zwiebel-Apfel-Gemisch auch mit 200 Gramm Sahne aufgießen und als cremige Sauce servieren. Oder Sie legen eine Scheibe Käse (z.B. Gouda oder Emmentaler) auf die Koteletts und gratinieren sie unter dem Grill.

Kalbskoteletts mit Birnen-Gorgonzola-Sauce

1 Birne (z.B. Abbate Fetel), 150 ml trockener Weißwein, 1 TL Zucker,
1 Gewürznelke, 1 Zwiebel, 1 EL Butter, 200 ml Fleischbrühe,
200 ml Sahne, 1 Lorbeerblatt, Salz, frisch gemahlener schwarzer Pfeffer,
4 Kalbskoteletts, 5 EL Pflanzenöl, 150 g Gorgonzola

Die Birne schälen, längs vierteln und entkernen. Einen Topf mit 200 Millilitern Wasser, 50 Millilitern Weißwein, Zucker und Nelke aufkochen. Die Birnenviertel einlegen und bei geringer Hitze 8–10 Minuten garen.
Inzwischen die Zwiebel schälen und fein würfeln. Die Butter in einem Topf aufschäumen und darin die Zwiebelwürfel glasig andünsten. Mit Brühe und der Hälfte der Sahne aufgießen. Das Lorbeerblatt einlegen, alles leicht mit Salz und Pfeffer würzen und etwa 10 Minuten leise köcheln lassen.
Inzwischen die Kalbskoteletts leicht klopfen, mit Salz und Pfeffer würzen. Das Öl in einer großen Pfanne erhitzen und das Fleisch auf beiden Seiten langsam darin braten. Die fertigen Koteletts auf einen Teller legen und mit Alufolie abdecken. Den Bratensatz mit dem restlichen Wein kurz aufkochen lassen und den Pfanneninhalt unter die Sauce rühren. Das Lorbeerblatt entfernen. Die restliche Sahne und den zerkleinerten Gorgonzola untermischen und die Sauce mit dem Mixstab pürieren, nochmals abschmecken.
Die Koteletts auf vorgewärmte Teller verteilen. Jedes Birnenviertel in dünne, längliche Scheiben schneiden und auf den Koteletts als Fächer anrichten. Mit Sauce überziehen und sofort servieren.

☞ Nach Belieben im vorgeheizten Ofen mit Grillstufe überbacken.

Hähnchensteaks mit Apfel-Birnen-Sauce

*1 kleine Zwiebel, 1 Apfel, ¹/₂ Birne, 4 Hähnchensteaks (je etwa 180 g),
2 EL Pflanzenöl, Salz, frisch gemahlener weißer Pfeffer, 1 EL Butter,
200 ml Sahne, 50 g Aprikosenmarmelade
Für die Marinade: 1 Zwiebel, 1 Knoblauchzehe, 5 EL Pflanzenöl,
¹/₂ TL getrockneter Majoran, 100 g erwärmte Aprikosenmarmelade,
100 g Tomatenketchup, 2 EL Sojasauce, 1 TL mildes Currypulver,
¹/₄ TL schwarze Pfefferkörner*

Für die Marinade Zwiebel sowie Knoblauch schälen und in Streifen schneiden.
In heißem Öl einige Minuten braten, herausnehmen und mit Majoran, Apri-
kosenmarmelade, Ketchup, Sojasauce, Curry und Pfefferkörnern vermischen. Die
Hähnchensteaks mit dieser Marinade überziehen, abdecken und für mindestens
8 Stunden in den Kühlschrank stellen.
Danach Zwiebel, Apfel und Birne schälen. Die Zwiebel fein würfeln, Apfel und
Birne entkernen und klein schneiden. Die Hähnchensteaks aus der Marinade
nehmen und diese leicht abstreifen. Die Steaks in heißem Pflanzenöl auf beiden
Seiten 3–4 Minuten braten. Auf einen Teller legen, mit Salz und Pfeffer würzen
und mit Alufolie abdecken.
Die Butter in den Bratensatz gleiten lassen und darin Zwiebel, Apfel und Birne
unter wiederholtem Rühren 5 Minuten andünsten. Die Sahne zugießen und die
Aprikosenmarmelade einrühren. Nach dem ersten Aufkochen bei mittlerer Hitze
5 Minuten weiterköcheln lassen. Nochmals abschmecken und den Bratensaft der
beiseite gestellten Hähnchensteaks einrühren. Die Steaks auf vorgewärmte Teller
verteilen. Die Sauce mit einem Mixstab sämig pürieren und darüber gießen.

☞ Dazu schmecken Wildreis und Blattsalate am besten.

Hackbraten nach skandinavischer Art

2 Brötchen (2 Tage alt), 1 Zwiebel, 1 Apfel, 1 Gewürzgurke,
3 EL eingelegte Rote Bete in Scheiben, 50 g Rosinen,
2 cl Aquavit (Branntwein mit Kümmel), 1 EL Butter,
500 g Hackfleisch (halb Schwein, halb Rind), 1 Ei, Salz,
frisch gemahlener schwarzer Pfeffer, 5 EL Pflanzenöl,
100 ml Fleischbrühe
Für die Sauce: 250 g saure Sahne, 1 EL mittelscharfer Senf,
1 TL Tomatenmark, 1 kleiner Apfel,
Salz, frisch gemahlener schwarzer Pfeffer

Die Brötchen in Wasser einweichen. Die Zwiebel schälen und fein würfeln. Den Apfel schälen, vierteln, entkernen und ebenfalls würfeln. Die Gurke und die Rote-Bete-Scheiben in kleine Würfel schneiden. Die Rosinen mit Aquavit beträufeln. In einer Pfanne die Butter erhitzen und darin die Zwiebel- und Apfelwürfel kurz dünsten; abkühlen lassen.

Die Brötchen gut ausdrücken und mit Hackfleisch, Ei, Zwiebel- und Apfelwürfeln, Gurken- und Rote-Bete-Würfeln sowie den Rosinen verkneten. Den Teig mit Salz und Pfeffer würzen und zu einem Laib formen.

Das Pflanzenöl in einem Bräter erhitzen und darin den Hackfleischlaib von allen Seiten anbraten. In den auf 220 °C (Umluft 200 °C) vorgeheizten Ofen schieben und den Braten etwa 50 Minuten garen. Zwischendurch mit etwas Brühe beträufeln.

Den Hackbraten aus dem Ofen nehmen und 5–10 Minuten ruhen lassen. Inzwischen für die Sauce die saure Sahne mit Senf und Tomatenmark verrühren. Den Apfel schälen und fein dazureiben. Salzen und pfeffern. Den Braten in dicke Scheiben schneiden, auf Tellern anrichten und die Sauce separat dazu reichen.

☞ Dazu schmeckt Kartoffelpüree mit frittierten Zwiebelringen und gemischter grüner Salat.

Gefüllte Hackfleisch-Äpfel

50 g Mandelstifte, 4 gleich große Äpfel, 1 TL Zucker,
Saft von 1 Zitrone, 6–8 frische Minzeblättchen, 100 g Naturjoghurt,
50 g Rosinen, 150 ml heiße Fleischbrühe, 1 Zwiebel, 2 EL Pflanzenöl,
250 g Hackfleisch vom Lamm, Salz, frisch gemahlener schwarzer Pfeffer,
1 Msp. gemahlener Kreuzkümmel, 1 Msp. gemahlener Koriander
Außerdem: Butter für die Form

Die Mandelstifte in einer heißen Pfanne ohne Fett unter Schwenken leicht rösten, herausnehmen und auf einen Teller legen. Die Äpfel waschen (nicht schälen) und mit einem Kernausstecher großzügig aushöhlen. In eine Schüssel legen und mit Zucker bestreuen. Zitronensaft und so viel kaltes Wasser zugießen, dass die Äpfel bedeckt sind.

Die Minzeblättchen waschen, trockentupfen, in Streifen schneiden und mit dem Joghurt verrühren. Die Rosinen mit 50 Millilitern Fleischbrühe übergießen. Die Zwiebel schälen und fein würfeln. Das Öl in einer Pfanne erhitzen und darin die Zwiebelwürfel andünsten. Das Hackfleisch hinzufügen und unter Rühren krümelig braten. Mit Salz, Pfeffer, Kreuzkümmel sowie Koriander würzen und mit der restlichen Brühe aufgießen. Bei geringer Hitze 5–8 Minuten offen köcheln lassen. Dann die Pfanne beiseite ziehen und Mandelstifte, eingeweichte Rosinen sowie den Minzejoghurt unterrühren. Nochmals abschmecken.

Die Äpfel aus dem Wasser nehmen, in eine gefettete Auflaufform setzen und mit der Hackfleischmasse füllen. In den auf 200 °C (Umluft 180 °C) vorgeheizten Ofen schieben und die Äpfel in etwa 30 Minuten goldbraun backen.

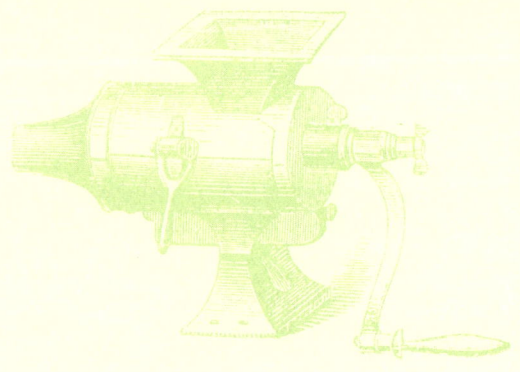

Leber nach Berliner Art

2 Zwiebeln, 2 Äpfel, 50 g Butter, 1 Prise getrockneter Majoran,
4 Scheiben Kalbsleber, 2 EL Mehl (Type 405), 1 EL Pflanzenöl,
Salz, 100 ml Kalbsfond, 50 g saure Sahne

Die Zwiebeln schälen, halbieren und in Streifen schneiden. Die Äpfel schälen, vierteln, entkernen und in Spalten schneiden. Die Hälfte der Butter in einer Pfanne erhitzen und darin die Zwiebelstreifen kräftig bräunen, auf eine Servierplatte geben, warm halten. Restliche Butter in den Bratensatz gleiten lassen und darin die Apfelspalten von allen Seiten braten. Mit Majoran würzen und zu den Zwiebeln geben. Die Leberscheiben in dem Mehl wenden. Das Öl in den Bratensatz gießen und darin die Leberscheiben auf beiden Seiten etwa 4 Minuten braten. Herausnehmen, auf die Zwiebeln und Äpfel legen, leicht salzen. Den Bratensatz mit Kalbsfond ablöschen, kurz aufkochen lassen und mit saurer Sahne verfeinern. Löffelweise über die Kalbsleber träufeln.

Reisschnitzelchen mit Apfel

400 g Schweineschnitzel, 1 Zwiebel, 1 Apfel, 4 EL Pflanzenöl, Salz,
frisch gemahlener schwarzer Pfeffer, 1 EL Butter, 4 cl Calvados
(Apfelbrand), 400 g gekochter Reis (vom Vortag), 1/2 TL Majoran,
4 EL Barbecuesauce

Die Schnitzel in sehr dünne Streifen schneiden. Die Zwiebel schälen, den Apfel schälen und entkernen. Beide ebenfalls in Streifen schneiden. Das Öl in einer Pfanne erhitzen und darin die Fleischstreifen portionsweise von allen Seiten kräftig anbraten. Herausnehmen, auf einen Teller legen, salzen und pfeffern.
Die Butter in den Bratensatz gleiten lassen und darin die Zwiebel- und Apfelstreifen einige Minuten dünsten. Mit dem Calvados ablöschen und den Reis einrühren. Den Pfanneninhalt mit Salz, Pfeffer und Majoran würzen. Die Fleischstreifen unterheben und alles mit Barbecuesauce abschmecken. Sofort servieren.

Kartoffel-Speck-Nudeln auf Apfel-Zwiebel-Sauce

Für die Specknudeln: 750 g Kartoffeln (mehlig kochend), Salz,
100 g Räucherspeck, 2 Eigelb, frisch gemahlener schwarzer Pfeffer,
1 Prise geriebene Muskatnuss, 2 EL Mehl (Type 405)
Für die Apfel-Zwiebel-Sauce: 1 große Zwiebel, 1 Apfel, 1 EL Butter,
100 ml Bratensauce (auch Fertigprodukt)
Außerdem: Mehl zum Ausrollen, 50 g Butterschmalz zum Braten

Für die Specknudeln die Kartoffeln waschen, schälen und in Salzwasser gar kochen. Den Räucherspeck klein würfeln und in einer heißen Pfanne auslassen. Die Pfanne beiseite ziehen und den Speck abkühlen lassen. Die noch heißen Kartoffeln durch eine Presse drücken und kurz abkühlen lassen. Mit Eigelben, Speck, Salz, Pfeffer und Muskat zu einem geschmeidigen Teig verkneten.

Mit mehligen Händen fingerlange und -dicke Nudeln formen. Auf einen Teller legen, mit Klarsichtfolie abdecken und die Nudeln für etwa 1 Stunde im Kühlschrank ruhen lassen.

Inzwischen für die Sauce die Zwiebel schälen und in feine Streifen schneiden. Den Apfel schälen, entkernen und in Scheibchen schneiden. Die Butter in einer Pfanne erhitzen und darin die Zwiebelstreifen glasig dünsten. Die Apfelscheibchen hinzufügen, 5 Minuten mitdünsten und alles mit Bratensauce aufgießen. Bei geringer Hitze 8–10 Minuten leise köcheln lassen.

In einer größeren Pfanne das Butterschmalz erhitzen und darin die Specknudeln von allen Seiten goldbraun und knusprig braten. Die Apfel-Zwiebel-Sauce auf Teller verteilen und die Nudeln darauf anrichten.

☞ Besonders Kinder essen dieses Gericht sehr gerne.

Marinierter Gemüsefisch

800 g Fischfilets (z.B. Kabeljau oder Red Snapper),
Saft von ½ Zitrone, Salz, frisch gemahlener schwarzer Pfeffer,
2 kleine Möhren, 1 Zwiebel, 1 Stange Lauch, 1 grüne Paprikaschote,
1 kleine rote Chilischote, 2 säuerliche Äpfel, 8 EL Olivenöl,
2 EL brauner Zucker, 1 EL schwarze Pfefferkörner, 2 Gewürznelken,
2 Lorbeerblätter, je 1 Msp. gemahlener Zimt, Kardamom und
Muskatnuss, 200 ml trockener Weißwein, 2 EL Weißweinessig

Die Fischfilets waschen, trockentupfen, mit Zitronensaft beträufeln und mit Salz sowie Pfeffer würzen. Möhren und Zwiebel schälen und in feine Streifen schneiden. Den Lauch der Länge nach durchschneiden, zwischen den Blattschichten waschen und quer in feine Streifen schneiden. Die Paprikaschote und die Chilischote von Stielansatz, Samen sowie Scheidewänden befreien und ebenfalls in Streifen schneiden. Die Äpfel schälen, vierteln, entkernen und in Scheiben schneiden.

In einer größeren Pfanne die Hälfte des Olivenöls erhitzen und darin die Fischfilets von beiden Seiten 5 Minuten braten. Herausnehmen und nebeneinander auf einen Teller legen. Restliches Olivenöl in den Bratensatz gießen und darin Möhren, Zwiebel, Lauch, Paprika-, Chilischoten und Äpfel andünsten. Mit Zucker bestreuen, kurz karamellisieren lassen und die Gewürze einrühren. Weißwein und Weißweinessig zugießen. Das Gemüse bei geringer Hitze 5 Minuten schmoren lassen. Fischfilets und Gemüse abwechselnd in eine flache Form schichten, dabei mit dem Gemüse abschließen. Mit Klarsichtfolie abdecken und für mindestens 2 Stunden in den Kühlschrank stellen.

☞ Kalt mit ofenfrischem Baguette oder Kräuterbaguette genießen.

Apfel-Reis-Topf mit Garnelen

300 g gegarte, geschälte Garnelen, Saft von $^1/_2$ Zitrone, 1 Zwiebel,
2 Knoblauchzehen, 1 Chilischote, 2 Äpfel, 1 Banane, 4 EL Pflanzenöl,
300 g Langkornreis, 1 Döschen Safran, Salz, frisch gemahlener Pfeffer,
1 l Gemüsebrühe, 50 g Kokosraspel

Die Garnelen waschen, trockentupfen und mit Zitronensaft beträufeln. Die Zwiebel und die Knoblauchzehen schälen und fein würfeln. Die Chilischote von Stielansatz, Samen sowie Scheidewänden befreien und ebenfalls klein würfeln. Die Äpfel schälen, vierteln, entkernen und in Scheiben schneiden. Die Banane schälen und ebenfalls in Scheiben schneiden.

Das Pflanzenöl in einem großen Topf erhitzen und darin Zwiebel-, Knoblauch- und Chiliwürfel andünsten. Äpfel und Banane hinzufügen und alles unter Rühren 5 Minuten dünsten. Den Reis einstreuen, mit Safran, Salz und Pfeffer würzen. Die Brühe zugießen und einmal aufkochen lassen. Den Topf mit einem Deckel verschließen und bei geringer Hitze den Reis in etwa 20 Minuten garen, dabei zwischendurch umrühren. Die Garnelen und die Kokosraspel unter den Reis heben. Nochmals abschmecken und den Reistopf vor dem Servieren 5 Minuten ausdampfen lassen.

☞ Exotischer wird der Reistopf, wenn Sie 1 Esslöffel frisch gehacktes Koriandergrün unterheben.

Kartoffel-Apfel-Püree

750 g Kartoffeln, Salz, 2 Äpfel (z.B. Golden Delicious),
50 ml trockener Weißwein, 1 TL Zitronensaft, 1 EL Zucker,
150 g zimmerwarme Butter, frisch gemahlener weißer Pfeffer,
1 Prise geriebene Muskatnuss

Die Kartoffeln waschen, schälen und in Salzwasser in etwa 25 Minuten gar kochen. Inzwischen die Äpfel schälen, entkernen und in etwa $1/2$ Zentimeter dicke Stücke schneiden. Die Apfelstückchen mit 50 Millilitern Wasser, Weißwein, Zitronensaft und Zucker in 5–8 Minuten bissfest garen.
Die Kartoffeln abgießen und durch eine Kartoffelpresse drücken. Butter und Apfelstückchen unterrühren. Das Püree mit Salz, Pfeffer und Muskat würzen.

☞ Das Püree mit gebräunten Zwiebelringen garnieren und zu Leber- oder sonstigen Fleischgerichten mit viel Sauce servieren.

Gegrillte Apfelringe

2 große Äpfel (z.B. Boskoop oder Granny Smith), Saft von $1/2$ Zitrone,
1 EL flüssige Butter, 1 EL Zucker

Die Äpfel schälen und mit einem Kernausstecher großzügig aushöhlen. In etwa 1 Zentimeter dicke Ringe schneiden und mit Zitronensaft beträufeln.
Ein Backblech mit Alufolie auskleiden und die Apfelringe nebeneinander darauf legen. Mit Butter bestreichen und mit Zucker bestreuen. In den auf 200 °C (180 °C Umluft) vorgeheizten Ofen mit Grillstufe schieben und etwa 3–5 Minuten grillen.

☞ Entweder als Garnitur für Wildgerichte verwenden oder als Nachtisch. Dazu die gegrillten Apfelringe mit Vanilleeis und Rumrosinen garnieren.

Frittierte Apfel- und Birnenstücke mit Pflaumensauce

500 g Äpfel, 500 g Birnen, Saft von 1 Zitrone, 1 l Pflanzenöl
Für die Pflaumensauce: 1 kleine Zwiebel, 2 Knoblauchzehen,
50 g geräucherter Speck, 1 kleine Chilischote, 1 EL Butter,
250 g Pflaumenkompott (aus dem Glas), 4 EL Tomatenketchup,
4 EL Chiliketchup, 1 EL Zucker, 1 EL Rotweinessig,
Salz, frisch gemahlener schwarzer Pfeffer,
je 1 Msp. gemahlener Zimt, Ingwer und Muskatblüte
Für den Backteig: 2 Eier, 200 g Mehl (Type 405), 200 ml trockener
Weißwein, 2 EL flüssige Butter, Salz, 1 Prise gemahlener Safran

Für die Pflaumensauce Zwiebel und Knoblauch schälen und in kleine Würfel schneiden. Den Speck ebenfalls fein würfeln. Die Chilischote von Stielansatz, Samen sowie Scheidewänden befreien und fein hacken. In einem Topf die Butter aufschäumen und darin Zwiebel-, Knoblauch-, Speck- und Chiliwürfel andünsten. Das Pflaumenkompott zugießen und unter wiederholtem Rühren etwa 10 Minuten kräftig durchkochen. Die Sauce durch ein Sieb streichen und zum erneuten Erwärmen auf den Herd stellen. Mit Tomaten- und Chiliketchup, Zucker, Essig, Salz, Pfeffer, Zimt, Ingwer und Muskatblüte würzen. Den Topf beiseite ziehen.
Für den Backteig die Eier trennen und die Eiweiße zu steifem Schnee schlagen. Die Eigelbe mit Mehl, Weißwein und Butter zu einem dickflüssigen Teig aufschlagen. Mit Salz sowie Safran würzen und zuletzt den Eischnee unterheben. Äpfel und Birnen schälen, mit einem Kernausstecher großzügig aushöhlen. Die Früchte in etwa ½ Zentimeter dicke Ringe schneiden und alle mit Zitronensaft beträufeln. Das Pflanzenöl in einem großen Topf oder in einer Fritteuse siedend heiß erhitzen. Die Apfel- und Birnenringe einzeln in den Backteig tauchen und in das heiße Fett gleiten lassen. Schwimmend auf beiden Seiten goldgelb ausbacken. Mit einem Schaumlöffel herausnehmen, auf Küchenpapier abtropfen lassen und auf einer Servierplatte anrichten. Für jeden Gast den Dip in Portionsschälchen anrichten.

☞ Die Hälfte der Birnen durch Zwiebeln ersetzen. So erzielen Sie einen fruchtig-herzhaften Geschmack, der mit der exotischen Pflaumensauce zum Erlebnis wird. Dazu Weißbrot servieren. Dieses Gericht eignet sich auch gut als Beilage zu gegrilltem Fleisch wie Spareribs, Spanferkelbraten oder gegrilltem Putenfleisch.

Rotkohl mit Zimtorangen und Äpfeln

1 kg Rotkohl, 200 ml Orangensaft, 2 EL Preiselbeeren,
etwas abgeriebene Zitronenschale, 1 Msp. gemahlener Zimt, 2 Äpfel,
1 EL Zucker, 100 ml trockener Rotwein, 3 Gewürznelken,
1 Lorbeerblatt, 1 große Zwiebel, 50 g Butterschmalz, ¹/₄ l Fleischbrühe,
Salz, frisch gemahlener schwarzer Pfeffer, 1 TL Zucker,
1 TL Rotweinessig

Den Rotkohl putzen und auf einem Küchenhobel in Streifen schneiden. In einer
Schüssel mit Orangensaft, Preiselbeeren, Zitronenschale und Zimt vermengen.
Die Äpfel schälen, entkernen und in Streifen schneiden. Mit Zucker, Rotwein,
Nelken und Lorbeerblatt unter den Rotkohl mischen. Die Schüssel mit Folie
abdecken und den Rotkohl im Kühlschrank für 1 Tag marinieren lassen.
Die Zwiebel schälen, halbieren und in Streifen schneiden. In einem großen Topf
das Butterschmalz erhitzen und darin die Zwiebelstreifen andünsten. Den mari-
nierten Rotkohl einrühren, mit Fleischbrühe aufgießen und alles bei geringer
Hitze etwa 1 Stunde schmoren lassen. Kurz vor dem Ende der Garzeit mit Salz,
Pfeffer, Zucker und Essig abschmecken.

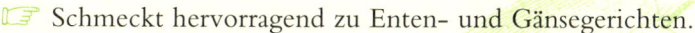 Schmeckt hervorragend zu Enten- und Gänsegerichten.

FRUCHTIGES BACKWERK

Muffins mit Birnen und Pinienkernen

Für etwa 20 Muffins (7,5 cm Durchmesser)
250 g Birnen, 1 TL Williams (Birnenbrand), 300 g Mehl (Type 405),
1 Päckchen Vanillezucker, 1 Päckchen Backpulver, 1 Prise Nelkenpulver,
100 g fein gehackte Pinienkerne, 1 Ei, 150 g Zucker,
100 ml Pflanzenöl, 200 ml Buttermilch
Außerdem: 40–60 Papiermanschetten für Muffins,
1 EL Pinienkerne zum Bestreuen, Puderzucker zum Bestäuben

Die Birnen schälen, vierteln, entkernen, in kleine Würfel schneiden und mit dem Williams beträufeln. Mehl, Vanillezucker, Backpulver und Nelkenpulver in einer Schüssel vermischen. Birnenstückchen und Pinienkerne untermengen. In einer zweiten Schüssel mit einem elektrischen Handrührgerät Ei und Zucker cremig rühren. Pflanzenöl und Buttermilch nach und nach einrühren. Dann die Mehlmischung unterheben. Jeweils 2–3 Papiermanschetten ineinander setzen, zu zwei Dritteln mit dem Teig füllen und mit Pinienkernen bestreuen. Die Muffins auf ein Backblech setzen und in den auf 180 °C (Umluft 160 °C) vorgeheizten Ofen schieben. Die Backzeit beträgt 30–35 Minuten. Herausnehmen, 5–10 Minuten ruhen lassen und mit Puderzucker bestäubt servieren.

☞ Es gibt spezielle Backbleche mit Vertiefungen, so genannte Muffinbleche, deren Anschaffung bei häufigerem Backen von Muffins lohnt. Beim Backen ohne ein solches Blech ist es empfehlenswert, mehrere Papiermanschetten ineinander zu setzen, damit die Muffins beim Backen nicht auseinander laufen.

Apfelmuffins mit Preiselbeeren

Für etwa 20 Muffins (7,5 cm Durchmesser)
250 g Äpfel, 50 g Preiselbeeren, 200 g Vollkornmehl,
100 g Mehl (Type 405), 1 Päckchen Backpulver,
50 g gemahlene Mandeln, 1 Ei, 150 g brauner Zucker,
50 g weiche Butter, 400 g saure Sahne
Außerdem: 40–60 Papiermanschetten für Muffins

Die Äpfel schälen, vierteln, entkernen, in feine Würfel schneiden und mit den Preiselbeeren vermengen. In einer Schüssel die beiden Mehlsorten, Backpulver und Mandeln vermischen.

In einer zweiten Schüssel mit einem elektrischen Handrührgerät das Ei mit Zucker, Butter und saurer Sahne verrühren. Apfelwürfel mit den Preiselbeeren sowie das Mehlgemisch unterrühren.

Jeweils 2–3 Papiermanschetten ineinander setzen, zu zwei Dritteln mit dem Teig füllen und auf ein Backblech setzen. In den auf 180 °C (Umluft 160 °C) vorgeheizten Ofen schieben und etwa 25 Minuten backen. Herausnehmen, knapp 10 Minuten ruhen lassen und erst dann servieren.

☞ Wenn die Muffins besonders hoch gehen sollen, dem Mehl $1/2$–1 Teelöffel Natron zufügen.

☞ Variieren Sie das Rezept mit weiteren Zutaten. Meine Lieblingsvariante sieht Äpfel vor, die mit Amarettolikör beträufelt und mit Mandelstiften vermischt werden.

Äpfel im Schlafrock

*4 mittelgroße Äpfel, 2 EL weißer Rum, 1 TL Zitronensaft,
50 g Zucker, 4 aufgetaute Blätterteigplatten (TK),
50 g gemahlene Mandeln, 100 g Johannisbeergelee, 16 Gewürznelken,
1 Eigelb, 1 EL flüssige Butter
Außerdem: Mehl zum Ausrollen, $^1/_4$ l Sahne,
1 kräftige Prise gemahlener Zimt*

Die Äpfel schälen und mit einem Kernausstecher großzügig aushöhlen. Den Rum mit Zitronensaft und Zucker verrühren. Die ausgehöhlten Äpfel mit dieser Mischung bestreichen.

Die Teigplatten leicht auf einer bemehlten Arbeitsfläche ausrollen und je 1 Apfel in die Teigmitte setzen. Die Apfelhöhlungen mit 1 Teelöffel gemahlenen Mandeln füllen und darauf etwas Johannisbeergelee geben.

Die Teigecken über jedem Apfel oben zusammenziehen und die Teighülle verschließen. Jede Teigecke mit einer Gewürznelke am Apfel feststecken. Die Äpfel mit einer Mischung aus Eigelb und Butter bepinseln und auf ein Backblech setzen. In den auf 200 °C (Umluft 180 °C) vorgeheizten Ofen schieben und in etwa 20 Minuten goldgelb backen. Kurz vor dem Servieren die Sahne mit dem Zimt steif schlagen und zu den Äpfeln im Schlafrock servieren.

☞ Äpfel im Schlafrock sind eine wunderschöne fruchtige Idee für den Nachmittagskaffee oder ein Dessert. Wer den Geschmack von Rum nicht so mag, sollte ihn durch Apfelsaft, Zitronensaft oder Weißwein ersetzen.

Knusprige Apfeltaschen

*Für den Hefeteig: 500 g Mehl (Type 405), 200 ml lauwarme Milch,
50 g Zucker, 1 frischer Hefewürfel (42 g, ersatzweise 1 Päckchen
Trockenhefe), 100 g weiche Butter, 1 TL abgeriebene Zitronenschale,
1 Prise Salz, 1 Prise gemahlener Zimt
Für die Füllung: 50 g Rosinen, 1 EL Rum, 500 g Äpfel,
Saft von ½ Zitrone, 50 g Zucker, 1 Päckchen Vanillezucker
Außerdem: Mehl für die Arbeitsfläche, Fett für das Backblech,
1 Eigelb, 1 EL flüssige Butter, Puderzucker zum Bestäuben*

Für den Hefeteig das Mehl in eine Schüssel sieben. Eine Mulde formen, die
Milch hineingießen und den Zucker einstreuen. Die Hefe hineinbröckeln, kurz
verrühren und mit Mehl vom Rand bestäuben. Den Vorteig etwa 20 Minuten
gehen lassen, dann mit Butter, Zitronenschale, Salz und Zimt zu einem geschmeidigen Teig verkneten. Zugedeckt nochmals 30 Minuten gehen lassen.
Inzwischen für die Füllung die Rosinen mit Rum beträufeln. Die Äpfel schälen,
vierteln, entkernen und in etwa ½ Zentimeter große Würfel schneiden. Zusammen mit Zitronensaft, Zucker, Vanillezucker und Rumrosinen in einem Topf
vermischen und unter Rühren 5 Minuten dünsten. Die Apfelmischung auf einen
Teller geben und abkühlen lassen.
Den Hefeteig auf einer bemehlten Arbeitsfläche gut durchkneten und ausrollen.
Den Teig in Quadrate von etwa 10 x 10 Zentimetern schneiden und jeweils in
der Mitte mit etwas Füllung belegen. Die Teigecken über der Füllung zusammenziehen und die Ränder fest zusammendrücken. Alle Apfeltaschen auf ein
gefettetes Backblech legen. Eigelb und Butter verquirlen und die Apfeltaschen
damit bepinseln. Das Backblech in den auf 200 °C (Umluft 180 °C) vorgeheizten
Ofen schieben und in etwa 20 Minuten backen. Herausnehmen, abkühlen lassen
und dick mit Puderzucker bestäuben.

☞ Wenn Kinder mitessen, können Sie die Rosinen statt mit Rum mit Multivitaminsaft beträufeln.

Bayerischer Apfelstrudel

Für den Strudelteig: 250 g Mehl (Type 405), Salz,
125 ml lauwarmes Wasser, 3 EL Pflanzenöl
Für die Füllung: 800 g säuerliche Äpfel (z.B. Boskoop),
Saft von 1 Zitrone,
100 g Rosinen, 100 g Zucker, 2 EL Rum nach Belieben,
100 g saure Sahne, 1 EL Semmelbrösel, 2 EL flüssige Butter,
200 ml Sahne
Außerdem: Mehl zum Bestäuben und Ausrollen, Butter für das Blech,
Puderzucker zum Bestäuben

Für den Strudelteig das Mehl mit einer Prise Salz auf eine Arbeitsplatte sieben. Mit dem Handrücken eine leichte Vertiefung in die Mitte drücken und das Wasser sowie das Öl rasch einarbeiten. So lange kneten, bis ein glatter Teig entstanden ist. In Klarsichtfolie hüllen und etwa 30 Minuten ruhen lassen.

Inzwischen für die Füllung die Äpfel schälen, vierteln, entkernen und in Scheiben schneiden. Mit Zitronensaft, Rosinen, Zucker und nach Belieben mit Rum in einer Schüssel vermengen.

Ein Küchentuch mit Mehl bestäuben, den Strudelteig darauf dünn und fast so groß wie das Tuch ausrollen. Die Teigfläche mit saurer Sahne bestreichen und mit Semmelbröseln bestreuen. Die Apfelmischung darauf verteilen, dabei einen Teigrand von etwa 8 Zentimetern frei lassen. Die Teigränder einschlagen, den Strudel mit Hilfe des Tuches aufrollen und auf ein gebuttertes Backblech legen. Mit flüssiger Butter rundherum bestreichen und im auf 200 °C (Umluft 180 °C) vorgeheizten Ofen etwa 50 Minuten backen. Während der Backzeit den Strudel mehrmals mit Sahne beträufeln. Den fertigen Apfelstrudel 10 Minuten ruhen lassen, dick mit Puderzucker bestäuben und in breite Stücke schneiden.

Mandelkuchen mit Äpfeln

2 mittelgroße Äpfel, 1 EL Amaretto (Mandellikör), 150 g weiche Butter,
100 g Zucker, 1 Päckchen Vanillezucker,
etwas abgeriebene Zitronenschale, 3 Eier, 5 EL Milch,
1 Päckchen Backpulver, 200 g Mehl (Type 405),
50 g gemahlene Mandeln
Außerdem: Butter für die Form und zum Bestreichen,
100 g Aprikosenmarmelade zum Bestreichen, Puderzucker zum Bestäuben

Die Äpfel schälen, vierteln, entkernen, in Spalten schneiden und mit Amaretto beträufeln. Butter, Zucker, Vanillezucker und Zitronenschale in einer Schüssel cremig rühren. Eier und Milch unterschlagen. Backpulver mit dem Mehl vermischen und zusammen mit den Mandeln zuletzt unterheben.
Eine Kastenform mit Butter ausfetten und die Hälfte des Teiges einfüllen. Die Apfelspalten darauf verteilen und den restlichen Teig darüber geben. Den Kuchen im auf 200 °C (Umluft 180 °C) vorgeheizten Ofen etwa 40 Minuten backen. Herausnehmen, den Kuchen in der Form 10 Minuten abkühlen lassen und vorsichtig stürzen.
Die Aprikosenmarmelade erwärmen, durch ein Sieb streichen und den Kuchen damit glasieren. Etwa 10 Minuten ruhen lassen. Dick mit Puderzucker bestäuben und servieren.

☞ Sie können den Kuchen auch mit einer anderen Glasur nach Wahl, z.B. mit Schokoguss, überziehen.

Apfelkuchen von Tante Anni

Für eine Springform mit 28 cm Durchmesser
Für den Teig: 250 g Mehl (Type 405), 1 Ei,
150 g kalte Butterstückchen, 1 EL Zucker, Salz
Für die Füllung: 50 g Rosinen, 2 EL Rum, 1 kg Äpfel,
Saft und etwas abgeriebene Schale von 1 unbehandelten Zitrone,
1 EL Zucker, ½ TL gemahlener Zimt, 50 g Mandelstifte
Für den Guss: 3 Eier, 3 EL Zucker, 2 EL Mehl, 200 ml Sahne
Außerdem: Mehl für die Arbeitsfläche, Butter für die Form,
Puderzucker zum Bestäuben

Für den Teig Mehl, Ei, Butterstückchen, Zucker und eine Prise Salz verkneten. Den Teig zu einer Kugel formen, in Klarsichtfolie hüllen und für 1 Stunde in den Kühlschrank legen.

Inzwischen für die Füllung die Rosinen mit dem Rum beträufeln. Die Äpfel schälen, vierteln, entkernen und in dünne Scheibchen schneiden. In einer Schüssel mit Zitronensaft und -schale, Zucker und Zimt vermengen.

Den Teig auf einer bemehlten Arbeitsfläche nochmals durchkneten, leicht ausrollen und eine gefettete Springform einschließlich Rand damit auskleiden. Den Teigboden mit einer Gabel mehrmals einstechen. Die Apfelmischung sowie die Rosinen auf dem Teigboden gleichmäßig verteilen und die Mandelstifte darüber streuen. Für den Guss, Eier, Zucker, Mehl und Sahne glatt rühren und langsam über die Füllung gießen. Den Kuchen im vorgeheizten Ofen bei 200 °C (Umluft 180 °C) etwa 45 Minuten backen. Herausnehmen und in der Form noch etwa 10 Minuten abkühlen lassen. Zum Servieren dick mit Puderzucker bestäuben.

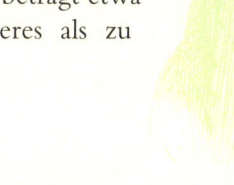

☞ Die Gesamtzubereitungszeit, die früher bei Tante Anni immer während einer „Ratscherei" in der Küche wie im Fluge verging, beträgt etwa 2 ½ Stunden. Was gibt es Schöneres als zu backen und dabei zu plaudern…

Feiner Apfelkuchen

Für eine Springform mit 26 cm Durchmesser
125 g Butter, 125 g Zucker, 3 Eier, Salz, Saft von $^1/_2$ Zitrone,
200 g Mehl (Type 405), $^1/_2$ Päckchen Backpulver, 4 EL Milch,
500 g säuerliche Äpfel (z.B. Boskoop)
Außerdem: Butter für die Form

Butter und Zucker schaumig rühren. Nach und nach Eier, Salz und Zitronensaft unterrühren. Mehl und Backpulver vermischen und mit dem Handrührgerät einarbeiten. So viel Milch zugeben, dass sich der Teig schwer reißend vom Kochlöffel löst. Die Springform einfetten und den Teig darin glatt streichen.
Die Äpfel schälen, vierteln, entkernen und längs in einem Abstand von 3–4 Millimetern einschneiden. Die Viertel konzentrisch in den Teig drücken. Den Kuchen in den auf 200 °C (Umluft 180 °C) vorgeheizten Ofen schieben und 40–50 Minuten backen.

Blätterteigkuchen mit Marzipanäpfeln

500 g Äpfel, Saft von $^1/_2$ Zitrone, 100 g Aprikosenmarmelade,
2 runde Blätterteigböden (etwa 32 cm Durchmesser, Kühltheke),
200 g Marzipanrohmasse, 100 g Puderzucker, 100 g Mascarpone,
2 Eier, 1 EL Zucker, 1 Msp. gemahlener Zimt

Die Äpfel schälen, vierteln, entkernen, in dünne Spalten schneiden und mit dem Zitronensaft beträufeln. Die Aprikosenmarmelade in einem Topf unter ständigem Rühren erwärmen. Die Teigböden auf 2 mit Backpapier ausgelegte Backbleche legen und mit der Hälfte der Aprikosenmarmelade bestreichen. Den Rest beiseite stellen.
Die Marzipanrohmasse mit dem Puderzucker verkneten, in 2 Portionen teilen und jedes Stück zu einer runden Teigplatte ausrollen. Diese Marzipanplatten auf die Blätterteigmitten legen. Darauf die Apfelscheibchen von der Mitte ausgehend dachziegelartig verteilen. Diese mit der restlichen Aprikosenmarmelade bestreichen. Den Mascarpone mit Eiern, Zucker und Zimt glatt rühren und die beiden

Kuchen löffelweise damit überziehen. Die Backblech nacheinander (bzw. bei Umluft gleichzeitig) auf die mittlere Schiene(n) des auf 220 °C (Umluft 200 °C) vorgeheizten Backofens schieben und in 15–20 Minuten goldgelb backen.

Französischer Apfelkuchen
(Tarte aux pommes)

Für 1 Spring- oder Tarteform mit 22–26 cm Durchmesser
Für den Teig: 150 g Mehl (Type 405), 100 g kalte Butterstückchen,
1 kräftige Prise Salz, 1 EL Zucker, 1 Eigelb
Für den Belag: 4 Äpfel, 2 EL Apfelgelee (Rezept S. 106)
Außerdem: Butter für die Form, Mehl für die Arbeitsfläche

Für den Teig Mehl, Butterstückchen, Salz, Zucker, Eigelb und etwa 50 Milliliter kaltes Wasser rasch zu einem glatten Teig verkneten.
Eine Springform mit Butter einfetten. Den Teig auf einer bemehlten Arbeitsfläche leicht ausrollen und den Boden der Form damit auslegen. Den Teigrand etwa 2 Zentimeter hochziehen.
Die Äpfel schälen, vierteln, entkernen und in dünne Spalten schneiden. Dachziegelartig auf dem Teig anordnen. Das Apfelgelee leicht erwärmen und die Äpfel damit bestreichen. Den Kuchen in den auf 200 °C (Umluft 180 °C) vorgeheizten Ofen schieben und in etwa 40 Minuten goldgelb backen. Lauwarm oder kalt genießen.

☞ Sie können auch anstelle von Apfelgelee Aprikosenmarmelade verwenden.

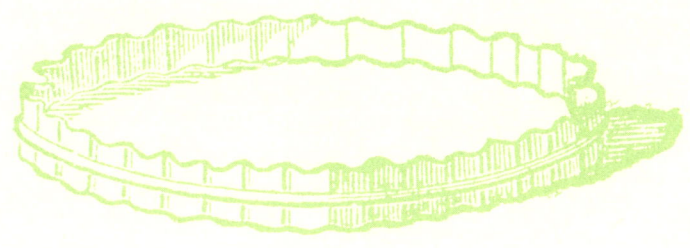

Obstkuchen mit Hefeteig

Für 1 Springform mit 22 cm Durchmesser
Für den Teig: 100 g Zucker, 100 g zimmerwarme Butter,
2 Eier, 100 g Mehl (Type 405),
1 Päckchen Trockenhefe, 1 Prise Salz
Für den Belag: 2 kleine Birnen, 2 Äpfel, 3 EL Zucker
Außerdem: Backpapier und Butter für die Form,
Mehl für die Arbeitsfläche, 1 EL Puderzucker zum Bestäuben

Für den Teig Zucker und Butter schaumig rühren. Nach und nach Eier, Mehl, Trockenhefe, Salz und etwa 4 Esslöffel lauwarmes Wasser unterziehen. Den Teig etwa 15 Minuten ruhen lassen.

Inzwischen eine Springform mit Backpapier auskleiden und dieses mit Butter einfetten. Die Birnen und die Äpfel schälen, vierteln, entkernen und in dünne Spalten schneiden.

Den Teig nochmals gut durchkneten und in der Größe der Springform ausrollen. Die Birnen- und Apfelspalten auf dem Teig verteilen und gleichmäßig mit Zucker bestreuen.

Den Kuchen in den auf 180 °C (Umluft 160 °C) vorgeheizten Ofen schieben und in knapp 1 Stunde fertig backen. Herausnehmen, kurz abkühlen lassen und mit Puderzucker bestäuben. Lauwarm oder kalt genießen.

Joghurt-Apfel-Cremetorte

Für 1 Springform mit 22 cm Durchmesser
Für den Teig: 200 g Mehl (Type 405), 50 ml lauwarme Milch,
1 TL Zucker, 1 Päckchen Trockenhefe,
abgeriebene Schale von ¹/₂ Zitrone, 3 EL flüssige Butter
Für den Belag: 5 Äpfel, 5 cl Calvados (Apfelbrand), Saft von
¹/₄ Zitrone, 6 Blatt weiße Gelatine, 500 g Naturjoghurt, 2 EL Zucker
Außerdem: Butter für die Form, Mehl für die Arbeitsfläche

Für den Teig Mehl in eine Schüssel sieben, in die Mitte eine Mulde drücken, Milch hineingießen und mit Zucker und Hefe verrühren. Den Vorteig etwa 20 Minuten gehen lassen. Dann den Teig mit Zitronenschale und Butter fertig kneten. Die Schüssel mit einem Tuch abdecken und den Teig an einem warmen Ort nochmals 30 Minuten gehen lassen. Inzwischen für den Belag die Äpfel schälen, vierteln, entkernen und in Spalten schneiden. Die Apfelspalten mit Calvados und Zitronensaft vermengen.

Eine Springform mit Butter ausfetten. Den Teig auf einer bemehlten Arbeitsfläche nochmals durchkneten, ausrollen und die Form vollständig damit auskleiden. Die Äpfel gut abtropfen lassen, die Flüssigkeit beiseite stellen, und die Früchte auf dem Teig verteilen. Den Kuchen in den auf 200 °C (Umluft 180 °C) vorgeheizten Ofen schieben und 30–35 Minuten backen. Herausnehmen und in der Springform abkühlen lassen.

Die Gelatine in kaltem Wasser einweichen und tropfnass in einer hitzebeständigen Schüssel über einem heißen Wasserbad unter Rühren auflösen. Joghurt mit Zucker und der beiseite gestellten Calvados-Zitronen-Mischung verrühren. Die Gelatine unterziehen, die Creme über den Apfelkuchen gießen und verstreichen. Den Kuchen in den Kühlschrank stellen und fest werden lassen. Gut gekühlt genießen.

Biskuitrolle mit Birnensahne

Für die Birnensahne: 2 Birnen, Saft von ½ Zitrone, 50 g Zucker,
50 ml Weißwein, ¼ l Sahne, 1 Päckchen Vanillezucker,
50 g Preiselbeeren
Für den Biskuitteig: 2 Eier, 100 g Zucker, 3 EL lauwarmes Wasser,
6 EL Mehl (Type 405), 2 EL Speisestärke
Außerdem: Puderzucker zum Bestäuben

Für die Birnensahne die Birnen schälen, vierteln und entkernen. Zitronensaft mit Zucker sowie Weißwein in einem Topf verrühren und die Birnen einlegen. So viel Wasser zugießen, dass die Früchte bedeckt sind. Aufkochen und bei mittlerer Hitze 5 Minuten ziehen lassen. Herausnehmen und abkühlen lassen. Für den Biskuitteig die Eier trennen. Die Eiweiße zu steifem Schnee schlagen. Die Eigelbe mit Zucker und lauwarmem Wasser schaumig schlagen. Eischnee unterheben, Mehl und Speisestärke darüber sieben und unterrühren. Ein Backblech mit Backpapier auslegen und den Biskuitteig gleichmäßig darauf verstreichen. In den auf 180 °C (Umluft 160 °C) vorgeheizten Ofen schieben und 7–8 Minuten backen lassen.
Inzwischen die Sahne mit Vanillezucker steif schlagen und die Preiselbeeren locker unterheben. Die Birnenviertel in kleine Stücke oder Scheibchen schneiden, falls nötig noch etwas mit Küchenpapier trockentupfen und unter die Sahne heben.
Das Backblech aus dem Ofen nehmen, den Biskuitteig auf ein feuchtes Küchentuch stürzen, das Backpapier ein wenig anfeuchten und abziehen. Den Biskuit mit der Birnensahne bestreichen, dabei die Ränder freilassen. Dann den Biskuit mit Hilfe des Küchentuchs von der Längsseite her so aufrollen, dass die Schnittkante unterhalb der Rolle liegen bleibt. Das Küchentuch für etwa 15 Minuten um die Rolle herum gewickelt lassen, damit sie ihre Form behält. Dann das Küchentuch abziehen. Die Biskuitrolle auf ein Holz- oder Servierbrett legen und dann üppig mit Puderzucker bestäuben.

Schokoladen-Quark-Kuchen mit Birnen

Für 1 Springform von 22 cm Durchmesser
3 große Birnen, 4 cl Williams (Birnenbrand), 4 Eier,
3 EL Zucker, 2 Päckchen Schokoladen-Puddingpulver,
50 ml Birnensaft, 1 kg Magerquark
Außerdem: Butter und Semmelbrösel für die Form,
Puderzucker zum Bestäuben

Die Birnen schälen, vierteln, entkernen und das Fruchtfleisch in etwa 1 Zentimeter große Würfel schneiden. Mit Williams beträufeln und marinieren lassen.
Die Eier trennen und die Eiweiße mit Zucker steif schlagen. Das Puddingpulver
mit dem Birnensaft glatt rühren. Die Eigelbe cremig aufschlagen, Schokoladen-
creme sowie Quark einrühren. Die abgetropften Birnenstückchen untermischen
und zuletzt den Eischnee unterheben.
Eine Form mit Butter ausfetten, mit Semmelbröseln ausstreuen und den Teig
einfüllen. Die Form in den auf 160 °C (Umluft 140 °C) vorgeheizten Ofen
schieben und den Kuchen etwa 30 Minuten backen. Dann die Tempe-
ratur auf 200 °C (Umluft 180 °C) erhöhen und weitere 40 Minuten
backen. Den Ofen ausschalten und den Kuchen im Ofen auskühlen lassen. Mit Puderzucker bestäuben.

☞ Wenn Sie möchten, können Sie anstelle des Schokoladen-
Puddingpulvers solches mit Vanillearoma verwenden.

DESSERTS UND NASCHWERK

Apfelmus

500 g säuerliche Äpfel (z.B. Boskoop), 100 g Zucker

Die Äpfel schälen, vierteln, entkernen und in kleine Stücke schneiden. Mit 3 Esslöffeln Wasser erhitzen und weich kochen. Durch ein Sieb streichen, den Zucker unterrühren und das Mus erkalten lassen.

☞ Nach Belieben zusätzlich mit Zimt und etwas Zitronensaft würzen.

Apfelmus mit Zimtmascarpone

500 g Äpfel, 50 g Zucker, Saft von 1 Zitrone, $^1/_2$ Stange Zimt,
4 Gewürznelken, 50 g Mascarpone, 50 ml Sahne,
1 Msp. gemahlener Zimt

Die Äpfel schälen, vierteln, entkernen und in Spalten schneiden. In einem Topf Zucker, Zitronensaft und $^1/_4$ Liter Wasser aufkochen. Apfelspalten, Zimtstange und Gewürznelken einlegen. Bei geringer Hitze in 10–15 Minuten weich garen. Zimtstange und Gewürznelken entfernen. Nach Belieben die Äpfel mit einem Mixstab grob bis fein pürieren. Entweder lauwarm oder gut gekühlt in Portions-schalen füllen. Mascarpone mit flüssiger Sahne und Zimt glatt rühren. Je 1 Löffel davon auf eine Apfelmusportion geben.

☞ Kalloriensparer können natürlich zum Süßen den Zucker durch flüssigen Süßstoff ersetzen.

Apfelkompott

500 g säuerliche Äpfel (z.B. Boskoop), 50 g Zucker,
Zitronensaft oder Weißwein nach Belieben

Die Äpfel schälen, vierteln oder achteln und entkernen. ¼ Liter Wasser mit dem Zucker zum Kochen bringen und die Äpfel darin nicht allzu weich garen. Erkalten lassen und mit Zucker, Zitronensaft oder Weißwein abschmecken.

Kaiserschmarrn-Äpfel aus dem Wok

3 Eier, 150 g Mehl (Type 405), 200 ml Milch,
60 g zerlassene Butter, 2 Äpfel, 50 g Mandelstifte, 1–2 EL Puderzucker
Außerdem: Puderzucker zum Bestäuben

Für den Teig die Eier trennen. Mit einem elektrischen Handrührgerät Mehl, Milch, Eigelbe und 20 Gramm zerlassene Butter glatt rühren. Die Eiweiße zu steifem Schnee schlagen und unterheben. Die Äpfel schälen, vierteln, entkernen und in mundgerechte Stückchen schneiden.
Den Wok auf dem Herd heiß werden lassen. 20 Gramm Butter darin erhitzen und die Hälfte der Apfelstückchen sowie die Hälfte der Mandelstifte darin schwenken. Den Wokinhalt mit etwa 1 Teelöffel Puderzucker bestäuben, kurz glasieren lassen und mit der Hälfte des Teigs übergießen. Den Teig stocken lassen und mit 2 Holzlöffeln, wie beim Kaiserschmarrn, in Stücke reißen und wenden. Die Teigstückchen von allen Seiten goldbraun braten. Herausnehmen und auf einen Servierteller geben. In dem Bratensatz die restliche Butter erhitzen und mit den restlichen Zutaten ebenso verfahren. Die Kaiserschmarrn-Äpfel dick mit Puderzucker bestäuben und sofort genießen.

☞ Dazu passen Pflaumenkompott oder warmer Pflaumenwein, eingelegte Birnenstückchen oder Apfelmus (Rezept S. 81).
☞ Es muss nicht unbedingt ein Wok sein, in einer großen beschichteten Pfanne klappt es fast genauso gut.
☞ Nach Belieben Mandelstifte durch Haselnussblättchen oder gehackte Macadamia-Nüsse ersetzen. Zusätzlich (in Rum getränkte) Rosinen zugeben.

Apfelpfannkuchen

150 g Mehl (Type 405), 6 Eier, ¹/₂ l Milch, 2 EL Zucker,
1 Prise Salz, 500 g säuerliche Äpfel (z.B. Boskoop), 4 EL Butter
Außerdem: 1 Msp. gemahlener Zimt, 4 EL Zucker

Mehl mit Eiern, Milch, Zucker und Salz zu einem glatten Teig verrühren. Falls Klümpchen entstanden sind, den Teig durch ein Sieb passieren. 20 Minuten quellen lassen. Die Äpfel schälen, vierteln, entkernen und in Spalten schneiden.
Etwas Butter in einer Pfanne erhitzen und ein Viertel des Teiges hineingießen. Ein ein Viertel der Apfelspalten darauf verteilen. Den Pfannkuchen auf der Unterseite goldbraun braten. Vorsichtig auf einen Teller gleiten lassen. Noch etwas Butter in die Pfanne geben und den Pfannkuchen gewendet wieder hineingleiten lassen. Fertigbraten, herausnehmen und warm halten. Die anderen drei Pfannkuchen ebenso zubereiten. Zimt und Zucker vermischen und die Pfannkuchen vor dem Servieren damit bestreuen.

Getrocknete Apfelringe

1 kg Äpfel, Saft von 1 Zitrone

Die Äpfel schälen und mit einem Kernausstecher großzügig die Kerngehäuse entfernen. Die Äpfel quer in ¹/₂ Zentimeter breite Ringe schneiden und in kochendem Zitronenwasser kurz aufkochen. Herausnehmen, abtropfen lassen und einzeln auf ein Backrost legen. Den Rost in den auf 50 °C vorgeheizten Ofen schieben und die Äpfel dörren. Die Ringe sind fertig, wenn beim Durchbrechen kein Saft mehr austritt.

☞ Die gedörrten Apfelringe müssen vollständig trocken sein, erst dann kann man sie zur Aufbewahrung in luftdicht schließende Gläser füllen.
☞ Schokoladenliebhaber können die gedörrten Apfelringe mit Schokoladenkuvertüre überziehen.
☞ Anstelle von Äpfeln Birnen verwenden.

Äpfel à la Pirandello

Dieses wunderbare Rezept gilt als Klassiker, es ist allerdings in den letzten Jahren mehr und mehr von den internationalen Speisekarten verschwunden. Gewidmet wurde es dem italienischen Dichter Luigi Pirandello (1867–1936), der sich möglicherweise durch diese „süßen Sünde" zu einer Novelle, einem Lustspiel oder Roman inspirieren ließ.

4 Äpfel, 50 g Zucker, Saft von ¹/₂ Zitrone
Für die Füllung: 100 g fein gewürfeltes Orangeat und Zitronat,
4 cl Kirschwasser, 4 cl Maraschino, 100 g Aprikosenmarmelade
Zum Servieren: 4 Kugeln Vanilleeis, 100 g Himbeermarmelade,
¹/₄ l Sahne

Die Äpfel schälen und mit einem Kernausstecher großzügig aushöhlen. Den Zucker mit Zitronensaft und ¹/₂ Liter Wasser aufkochen und die Äpfel einlegen. So viel Wasser zugießen, dass die Früchte bedeckt sind. Die Äpfel nach dem ersten Aufkochen etwa 5 Minuten ziehen und dann im Sud erkalten lassen.

Für die Füllung Orangeat und Zitronat mit Kirschwasser und Maraschino vermischen. Die Aprikosenmarmelade leicht erwärmen und einrühren. Die abgetropften Äpfel mit der Mischung füllen. In die Mitte eines Desserttellers 1 Kugel Vanilleeis setzen. Je 1 gefüllten Apfel darauf setzen und dabei die Eiskugel leicht flach drücken. Die Himbeermarmelade unter Rühren erwärmen und durch ein Sieb streichen. Die Äpfel rundherum mit der Marmelade bestreichen. Die Sahne steif schlagen, in einen Spritzbeutel füllen und die Äpfel damit hübsch garnieren. Rund um die Äpfel Sahnetupfen setzen.

☞ Man kann die Äpfel zusätzlich mit Schokoladen- oder Himbeersauce beträufeln.

Frittierte Karamelläpfel am Stiel

2 Eier, 50 g Mehl (Type 405), 50 g Speisestärke,
8 kleine Äpfel, 1 ¹/₂ l Pflanzenöl, 100 g Zucker
Außerdem: 16 Schaschlik-Holzspieße

Für den Teig mit einem elektrischen Handrührgerät auf höchster Stufe die Eier mit Mehl, Speisestärke und 5 Esslöffeln kaltem Wasser glatt rühren.
Die Äpfel schälen und das Kerngehäuse mit einem Kernausstecher entfernen. Das Öl in einem großen Topf erhitzen. Jeden Apfel einzeln durch den Teig ziehen und schwimmend in dem Öl etwa 3 Minuten goldbraun ausbacken. Die Äpfel mit einem Schaumlöffel herausnehmen und auf einem Backgitter abtropfen lassen.
In eine Pfanne 2 Esslöffel Frittieröl geben, den Zucker einstreuen und unter Rühren karamellisieren lassen. Die frittierten Äpfel mit je 2 Schaschlikspießen aufspießen und löffelweise mit Karamell überziehen. Kurz antrocknen lassen, dann reinbeißen und genießen.

☞ Sie können auch gewaschene und getrocknete Äpfel mit Holzstäben aufspießen und in Karamell wenden. Kinder essen solche Zuckeräpfel sehr gerne.

Rote Liebesäpfel

4 Äpfel, 500 g Zucker, 1 TL rote Speisefarbe, 1 TL weißer Essig
Außerdem: 4 dickere lange Holzstäbe

Die Äpfel entstielen, waschen, mit Küchenpapier trockenreiben und mit je einem Holzstab fixieren. 100 Gramm Zucker auf einen Teller streuen. In einem Topf den übrigen Zucker mit Speisefarbe, Essig und 5 Esslöffeln Wasser unter ständigem Rühren mit einem Holzlöffel schmelzen und zu einem dicklichen Sirup einkochen. Jeden Apfel einzeln in den Sirup tauchen, mit Hilfe des Holzstäbens drehen, bis er vollständig bedeckt ist. Anschließend die glasierten roten Zuckeräpfel mit dem Holzstab nach oben zum Trocknen in den Zucker stellen.

☞ Immer wieder sehr beliebt, nicht nur bei Kindern.

Beschwipste Apfelkücherl in der Mandelkruste

3 Äpfel (Granny Smith oder Gloster), Saft von ¹/₂ Zitrone, 2 EL Rum
Für den Backteig: 2 Eier, 200 g Mehl (Type 405), Salz, 50 g Zucker,
1 EL Pflanzenöl, 200 ml helles Bier, 50 g Mandelstifte
Außerdem: 500 g Butterschmalz, 100 g Zucker, 1 TL gemahlener Zimt

Die Äpfel schälen, mit einem Kernausstecher die Kerngehäuse großzügig ent-
fernen und die Früchte in etwa 1 Zentimeter breite Ringe schneiden. In eine
Schüssel legen und mit Zitronensaft sowie Rum beträufeln.
Für den Backteig die Eier trennen. Eiweiße steif schlagen und bis zum Gebrauch
in den Kühlschrank stellen. Mehl, Salz und Zucker in eine Schüssel geben und
mit Eigelben, Pflanzenöl und Bier zu einem dickflüssigen Teig verrühren. Den
Eischnee unterheben.
Das Butterschmalz in einem großen Topf oder in einer hohen Pfanne erhitzen.
Die Apfelringe einzeln durch den Backteig ziehen, mit Mandelstiften bestreuen
und in das heiße Fett legen. Schwimmend auf beiden Seiten 2–3 Minuten gold-
gelb backen. Herausnehmen und auf Küchenpapier abtropfen lassen. Zucker und
Zimt vermischen und die Apfelkücherl darin wenden.

☞ Besonders gut schmeckt Vanilleeis oder Vanillesauce dazu.

Mandelcreme auf einem Apfelbett

2 Äpfel, 1 TL Zitronensaft, 2 EL Zucker, 2 Gewürznelken,
100 ml trockener Weißwein
Für die Mandelcreme: 4 Eigelb, 2 EL Puderzucker,
6 cl Amaretto (italienischer Mandellikör)
Zum Garnieren: 50 g Mandelsplitter, 8 Löffelbiskuits

Die Äpfel schälen, vierteln und entkernen. In einem Topf Zitronensaft, Zucker,
Nelken und Weißwein verrühren. Die Apfelviertel einlegen und mit so viel
Wasser aufgießen, dass sie bedeckt sind. Aufkochen und die Äpfel bei geringer
Hitze 5 Minuten garen. Herausnehmen, abtropfen lassen und in dünne
Scheibchen schneiden. Auf 4 großen Tellern von der Mitte aus dachziegelartig

anrichten. Die Mandelsplitter in einer heißen, ungefetteten Pfanne so lange schwenken, bis sie duften. Die Hälfte davon über die Apfelbetten streuen.

Für die Mandelcreme die Eigelbe mit Puderzucker über einem heißen Wasserbad cremig aufschlagen. Den Amaretto langsam zugießen und so lange rühren, bis eine luftige Creme entstanden ist. Die Apfelbetten damit löffelweise überziehen und mit den restlichen Mandelsplittern bestreuen. Je 2 Löffelbiskuits als „Löffel" seitlich an die Teller legen.

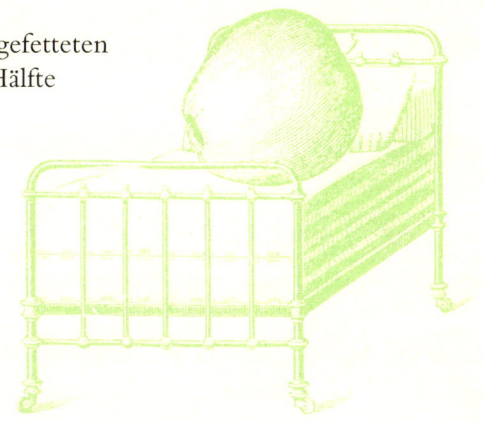

Zimtcreme in Apfelgesellschaft

2 Äpfel, 2 Gewürznelken, 1 TL Zitronensaft, 100 g Zucker,
3 Blatt weiße Gelatine, $^1/_4$ l Milch, $^1/_2$ Vanilleschote,
3 frische Eigelbe, $^1/_2$ TL gemahlener Zimt, $^1/_4$ l Sahne

Die Äpfel schälen, entkernen und in etwa $^1/_2$ Zentimeter große Stücke schneiden. Mit Nelken, Zitronensaft, der Hälfte des Zuckers und 200 Millilitern Wasser aufkochen. Den Topfinhalt in ein Sieb gießen und die Apfelstückchen gut abtropfen lassen; Nelken entfernen.

Die Gelatine in kaltem Wasser einweichen. Die Milch mit dem Mark der Vanilleschote aufkochen; den Topf beiseite ziehen. Die Eigelbe mit dem restlichen Zucker in einer hitzebeständigen Schüssel cremig rühren. Die Schüssel auf ein heißes Wasserbad setzen. Langsam die Vanillemilch unter die Eigelb-Zucker-Mischung schlagen, bis die Creme eine feste Konsistenz hat. Die Gelatine ausdrücken und darin auflösen. Die Schüssel vom Wasserbad nehmen, die Creme kurz kalt schlagen und mit Zimt verrühren. Die Sahne steif schlagen und wie die Apfelstückchen vorsichtig unterheben. Die Creme in Portionsschalen füllen und für mindestens 1 Stunde zugedeckt kalt stellen.

☞ Dazu ein Gläschen Calvados und Espresso servieren.

Marzipanmousse auf Prosecco-Äpfeln

4 Blatt weiße Gelatine, $^1/_4$ l Milch, 200 g Marzipanrohmasse,
$^1/_4$ l Sahne, 1 Eigelb, 2 cl Amaretto (Mandellikör), 2 Äpfel,
200 ml Prosecco (oder anderer Schaumwein)

Die Gelatine in kaltem Wasser einweichen. Die Milch in einem Topf erwärmen und darin die Marzipanmasse cremig rühren. Den Topf beiseite ziehen und die Masse abkühlen lassen.

Inzwischen die Sahne steif schlagen. Das Eigelb mit dem Amaretto unter das Marzipan rühren. Die Gelatine tropfnass in einer hitzebeständigen Schüssel über einem heißen Wasserbad unter Rühren auflösen und ebenfalls unter das Marzipan rühren. Zuletzt die Sahne unterheben, die Creme mit Folie abdecken und für mindestens 2 Stunden in den Kühlschrank stellen.

Die Äpfel schälen, vierteln, entkernen, in Spalten schneiden und in einen Topf legen. Mit Prosecco aufgießen und bei geringer Hitze etwa 10 Minuten ziehen lassen. Die Apfelspalten im Prosecco abkühlen lassen. Dann in 4 tiefe Teller verteilen. Von der Marzipanmousse mit 2 Esslöffeln Nocken abstechen und auf den Apfelspalten verteilen.

☞ Schokoladensauce mit einem Spritzbeutel in dünnen Linien kreuz und quer darüber träufeln.

☞ Den restlichen Prosecco beim Zubereiten dieser Nascherei oder beim Genießen trinken.

Apfel-Crêpes von Babette

Crêpes Suzette mit Orangenfüllung sind ein Klassiker. Meine Freundin Babette liebt Crêpes mit Äpfeln – und ich denke gerne an die Crêpes von Babette.

Für 8 Crêpes
2 Äpfel, 1 EL Butter, 1 EL Zucker, 50 ml Weißwein,
1 EL Amaretto (Mandellikör)
Für den Crêpe-Teig: 200 ml Milch, 100 g Mehl (Type 405),
1 Päckchen Vanillezucker, 2 Eier, 1 EL flüssige Butter
Außerdem: Butter zum Braten, 4 cl Weinbrand

Die Äpfel schälen, entkernen, vierteln und in schmale Spalten schneiden. Die Butter in einer Pfanne aufschäumen und die Apfelspalten darin kurz schwenken. Den Zucker darüber streuen, karamellisieren lassen und mit Weißwein sowie Amaretto übergießen. Nur kurz zum Kochen bringen und dann die Pfanne vom Herd ziehen.

Für den Crêpe-Teig mit einem elektrischen Handrührgerät Milch mit Mehl, Vanillezucker, Eiern und Butter zu einem glatten Teig rühren und 20 Minuten quellen lassen.

In einer großen Pfanne mit flachem Rand oder noch besser in einer Crêpe-Pfanne etwas Butter erhitzen. Eine kleine Kelle Teig in die Pfanne gießen und sie so schwenken, dass der ganze Boden dünn überzogen ist. Anbacken lassen, vorsichtig wenden und die Crêpe von der anderen Seite leicht bräunen, herausnehmen und auf einem Teller warm halten. Mit dem restlichen Teig ebenso verfahren.

Je 1 warme Crêpe auf einen vorgewärmten Teller legen, auf einer Hälfte mit Äpfeln belegen und die andere Hälfte darüber schlagen. Den Weinbrand in eine Kelle gießen, den Kellenboden über einer Flamme erwärmen und den Weinbrand gleichmäßig über die Crêpes gießen. Jede Portion flambieren, am besten gleich bei Tisch.

Apfel-Grieß-Auflauf mit Himbeeren

1 l Milch, Salz, 150 g Grieß, 3 große Äpfel, ¹/₂ Stange Zimt,
2 Gewürznelken, abgeriebene Schale und Saft von ¹/₂ Zitrone,
3 Eier, 50 g Zucker, 150 g aufgetaute Himbeeren (TK),
1 TL Puderzucker
Außerdem: Butter für die Auflaufform

Die Milch mit Salz aufkochen. Den Grieß einrühren, aufkochen lassen und bei geringer Hitze 20 Minuten quellen lassen; dabei öfter umrühren. Vom Herd ziehen und kurz abkühlen lassen.

Die Äpfel schälen, vierteln, entkernen und in Scheiben schneiden. 100 Milliliter Wasser mit Zimtstange, Nelken, Zitronenschale und -saft aufkochen. Den Topf vom Herd ziehen und darin die Äpfel 5 Minuten ziehen lassen. Äpfel in ein Sieb gießen, Zimtstange und Nelken entfernen. Die Eier trennen. Die Eigelbe und den Zucker unter den Grieß rühren.

Eine Auflaufform mit Butter ausfetten und die Hälfte des Grießbreis auf dem Boden der Form verteilen. Darauf die Hälfte der Äpfel und die abgetropften Himbeeren legen. Den restlichen Grießbrei und als Abschluss die übrigen Äpfel darauf geben. Die Eiweiße mit Puderzucker zu steifem Schnee schlagen und auf dem Auflauf verstreichen. In den auf 200 °C (Umluft 180 °C) vorgeheizten Ofen schieben und etwa 20 Minuten gratinieren.

Apfel-Gewürz-Eis mit Calvadoscreme

*Für das Eis: ¹/₈ l Milch, ³/₈ l Sahne, 1 Stange Zimt,
2 Gewürznelken, 1 Msp. gemahlener Piment, 2 Eier,
1 Eigelb, 2 EL Zucker, 1 Apfel, Saft von ¹/₄ Zitrone
Für die Calvadoscreme: 2 Eigelb, 1 EL Zucker,
3 EL Weißwein, 2 cl Calvados (Apfelbrand)*

Für das Eis Milch und ¹/₈ Liter Sahne mit der Zimtstange, den Gewürznelken und Piment aufkochen. Den Topf vom Herd ziehen, die Flüssigkeit abkühlen lassen. Die Zimtstange und die Gewürznelken entfernen.

In einer hitzebeständigen Schüssel Eier, Eigelb und Zucker cremig rühren. Die Schüssel auf ein heißes Wasserbad stellen und unter kräftigem Rühren die Milchsahne langsam zugießen. So lange schlagen, bis eine cremige Masse entstanden ist. Die Schüssel vom Wasserbad nehmen und die Creme kurz kalt rühren. Die restliche Sahne steif schlagen und unter die Creme heben. Den Apfel schälen, halbieren, entkernen und auf einem Gemüsehobel fein reiben. Mit Zitronensaft vermischen und unter die Creme ziehen. Die Apfel-Gewürz-Creme in das Gefrierfach stellen und während der Gefrierzeit von mindestens 2 Stunden vier- bis fünfmal durchrühren.

Kurz vor dem Servieren für die Calvadoscreme die Eigelbe mit Zucker in einer hitzebeständigen Schüssel cremig rühren. Die Schüssel auf ein heißes Wasserbad stellen und die Eigelbcreme mit Weißwein und Calvados aufschlagen.

Das Eis aus dem Gefrierfach nehmen, kurz antauen lassen und mit einem Löffel oder speziellem Eisportionierer auf Dessertteller oder Eisschalen verteilen. Mit lauwarmer Calvadoscreme überziehen.

☞ Sie können das Eis auch mit Mandelblättchen und Rumrosinen bestreuen.

☞ Sollten Sie eine Eismaschine besitzen, wird das Eis selbstverständlich perfekt. Doch ohne Maschine zubereitet schmeckt es fast genauso gut, man darf nur nicht vergessen, während des Gefriervorgangs immer wieder umzurühren.

Birnen-Apfel-Maultaschen

1 kg Kartoffeln (mehlig kochend), Salz, 500 g Äpfel, 500 g Birnen,
Saft von 1 Zitrone, 100 g Zucker, 1 Msp. gemahlener Zimt,
1 Ei, 150 g Speisestärke, 200 g saure Sahne, 100 ml süße Sahne,
50 g flüssige Butter
Außerdem: Butter für die Form, Mehl für die Arbeitsfläche

Die Kartoffeln waschen und in kochendem Salzwasser in ca. 30 Minuten garen. Inzwischen die Äpfel und Birnen schälen, vierteln, entkernen, in etwa 1 Zentimeter große Würfel schneiden und mit Zitronensaft beträufeln. Mit der Hälfte des Zuckers und dem Zimt würzen. Eine große Auflaufform oder eine Fettpfanne üppig mit Butter ausfetten.

Die Kartoffeln abgießen, kurz ausdampfen lassen, schälen und durch eine Kartoffelpresse drücken. Zusammen mit Ei und Speisestärke zu einem Teig verarbeiten. Den Kartoffelteig auf einer bemehlten Arbeitsfläche zu einer ca. 25 Zentimeter langen Rolle formen. Etwa ½ Zentimeter dicke Scheiben abschneiden, diese auf der Handfläche flach drücken, in die Mitte 1 Esslöffel Birnen- und Apfelstücke geben. Die Teigstücke zu halbrunden Maultaschen falten und fest verschließen. Die Taschen am Rand festhalten, aufrecht leicht auf die Arbeitsfläche drücken, sodass sie einen Boden erhalten, und die Maultaschen mit den Rändern nach oben in die Form setzen. Den restlichen Zucker mit saurer und süßer Sahne sowie Butter verrühren und die Maultaschen damit löffelweise überziehen. Die Form in den auf 200 °C (Umluft 180 °C) vorgeheizten Ofen schieben und die Maultaschen in 45–50 Minuten goldgelb backen.

☞ Dazu passt Preiselbeersahne.
☞ Wenn es einmal schneller gehen soll, einfach einen fertigen Kartoffelteig aus der Kühltheke im Supermarkt verwenden.
☞ Sie können als Füllung auch Äpfel solo oder eine Mischung aus Äpfeln und Pflaumen verwenden.

Birne Helene

Dieser kulinarische Klassiker wurde zur Aufführung der Operette „Die schöne Helena" von Jacques Offenbach im Jahre 1864 erstmalig kreiert und serviert.

2 Birnen, 1 EL Zucker, 100 ml trockener Weißwein
Für die Schokoladensauce: 50 g Vollmilchschokolade, ca. 50 ml Sahne
Zum Servieren: 8 kleine Kugeln Vanilleeis, 2 EL Mandelblättchen

Die Birnen schälen, halbieren, entkernen und in einen Topf legen. Den Zucker darüber rieseln lassen und mit Weißwein sowie 100 Millilitern Wasser übergießen und zum Kochen bringen. Nach dem ersten Aufwallen die Hitze reduzieren und die Birnenhälften 5 Minuten garen.
Inzwischen die Schokolade in Stückchen brechen, mit Sahne übergießen und in einer hitzebeständigen Schüssel über einem heißen Wasserbad schmelzen lassen. Die Sauce gut durchrühren und je nach gewünschter Dicke etwas mehr oder weniger Sahne zugießen.

Die Birnenhälften aus dem Sud nehmen, kurz abtropfen lassen und in Fächer schneiden. Je 1 Birnenfächer mit 2 Kugeln Vanilleeis auf einem Teller anrichten. Mit Schokoladensauce beträufeln und mit Mandelblättchen bestreuen.

Birnen à la Casanova

Giacomo Girolamo Casanova (1725–1798) ist mehr für seine Amouren, als für seine Verdienste bekannt. Wer weiß, welche Dame er mit diesem Dessert verführt hat.

2 Birnen, 1 TL Zitronensaft, 2 EL Zucker,
1 Päckchen Vanillezucker, ¹/₄ l Sahne, 500 g Himbeereis,
4 EL Bénédictine (französischer Kräuterlikör), 2 EL Schokoladenstreusel

Die Birnen schälen, halbieren und entkernen. In einem Topf ¹/₂ Liter Wasser mit Zitronensaft, Zucker und Vanillezucker aufkochen und die Birnen einlegen. Nach dem ersten Aufkochen 5 Minuten ziehen lassen.
Inzwischen die Sahne steif schlagen. Himbeereis auf 4 Portionsschalen verteilen und zwar so, dass eine glatte Oberfläche entsteht. Die Birnenhälften aus dem Sud nehmen, kurz abtropfen lassen, in Fächer schneiden und darauf anrichten. Mit je 1 Esslöffel Bénédictine beträufeln, mit Sahne garnieren und mit Schokoladenstreuseln bestreuen.

Rotweinbirnen mit Zimtparfait

Für das Zimtparfait: 2 Eigelb, ¹/₂ TL gemahlener Zimt,
3 EL Zucker, ¹/₄ l Sahne
Für die Rotweinbirnen: ¹/₄ l trockener Rotwein, 150 g Zucker,
¹/₂ Zimtstange, 2 Gewürznelken, 1 kleine Prise gemahlene Muskatnuss,
4 kleine feste Birnen

Für das Zimtparfait Eigelbe, Zimt und Zucker cremig rühren. Die Sahne steif schlagen und unter die Zimtcreme heben. 4 Portionsförmchen mit kaltem Wasser ausspülen, mit der Creme füllen und für mindestens 2 Stunden in den Gefrierschrank stellen.
Für die Rotweinbirnen den Rotwein mit Zucker, Zimtstange, Nelken und Muskat aufkochen. Inzwischen die Birnen schälen, ohne den Stiel zu entfernen, und die Früchte in den Rotweinsud legen. Bei geringer Hitze 15–20 Minuten ziehen lassen. (Sollten die Birnen vom Sud nicht ganz bedeckt sein, dann müssen

sie öfter gedreht oder gewendet werden.) Die Birnen abkühlen lassen und zum vollständigen Erkalten im Sud in den Kühlschrank stellen.

Die Portionsförmchen aus dem Gefrierschrank nehmen, leicht antauen lassen, eventuell kurz in heißes Wasser stellen und die Parfaits auf 4 Teller stürzen. Daneben die kalten Birnen anrichten und mit etwas Sud beträufeln.

☞ Sie können das Parfait auch in eine kleine Terrinen- oder Kastenform geben, nach dem Gefrieren stürzen und in Scheiben schneiden.

Luftig überbackene Käsebirnen

2 EL Butter, 1 EL Mehl (Type 405), 200 ml Milch, 200 ml Sahne,
100 g süße Weintrauben, 1 große Birne, 50 g Mandelblättchen, 3 Eier,
100 g frisch geriebener Emmentaler, 100 g klein geschnittener Roquefort
Außerdem: Butter für die Form

In einem Topf die Butter aufschäumen und das Mehl einrühren. Unter fortwährendem Rühren mit Milch und Sahne aufgießen und etwa 10 Minuten cremig einkochen lassen. Den Topf vom Herd ziehen und die Sauce abkühlen lassen. Inzwischen die Weintrauben entstielen und waschen. Die Birne schälen, vierteln, entkernen und in Stückchen schneiden. Eine Auflaufform ausbuttern, den Boden mit Mandelblättchen bestreuen und darauf das Obst verteilen. Die Eier trennen und die abgekühlte Sauce mit Eigelben, Emmentaler sowie Roquefort verrühren. Die Eiweiße steif schlagen und unterheben. Die Früchte löffelweise mit der Sauce überziehen. Im vorgeheizten Ofen bei 180 °C (Umluft 160 °C) in 30–35 Minuten goldgelb überbacken. Sofort servieren.

☞ Dazu frisches Baguette und ein Gläschen gekühlten Eiswein servieren.
☞ Sie können dieses prachtvolle Dessert auch in portionsgerechten Auflaufförmchen zubereiten.

Birnen-Mascarpone-Creme

1 große Birne, 1 TL Zucker, Saft von ¹/₂ Zitrone
Für die Creme: 100 g Zucker, 3 Eigelb, 250 g Mascarpone,
5 cl Williams (Birnenbrand), 1 EL Puderzucker

Die Birne schälen, vierteln, entkernen und in dünne Scheiben schneiden. In einem Topf 200 Milliliter Wasser mit Zucker und Zitronensaft aufkochen. Die Birnenscheiben einlegen und bei geringer Hitze 5 Minuten garen. Die Scheiben herausnehmen und auf einem Teller abkühlen lassen. Für die Creme Zucker und Eigelbe schaumig schlagen. Mascarpone und Williams einrühren.
Birnenscheiben und Mascarponecreme abwechselnd in Glasschalen schichten; dabei mit der Creme abschließen. Dick mit Puderzucker bestäuben. Zum Auskühlen etwa 1 Stunde zugedeckt in den Kühlschrank stellen.

☞ Vor dem Servieren in jede Glasschale zwei Löffelbiskuits stecken.

Gratinierte Birnenfächer mit Prosecco-Creme

8 kleine Birnenhälften (Dose oder Glas), 4 cl Williams (Birnenbrand),
2 EL Zucker, 2 Eier, 150 ml Prosecco (oder Sekt),
1 Päckchen Vanillezucker, 1 EL Puderzucker

Die Birnenhälften kurz abtropfen lassen, vom Stielansatz her in geringem Abstand ein-, aber nicht durchschneiden. Je 2 Birnenhälften auf einem Suppenteller fächerförmig anrichten. Mit einer Mischung aus Williams und Zucker beträufeln.

Die Eier trennen, die Eiweiße zu steifem Schnee schlagen. Eigelbe mit Prosecco und Vanillezucker in einer hitzebeständigen Schüssel über einem heißen Wasserbad 5 Minuten cremig aufschlagen. Die Creme über einem kalten Wasserbad kalt schlagen und den Eischnee unterziehen.
Die zuvor marinierten Birnenfächer löffelweise mit der Prosecco-Creme überziehen und mit Puderzucker bestäuben. Im auf 180 °C (Umluft 160 °C) vorgeheizten Ofen 8−10 Minuten überbacken.

☞ Wollen Sie das Dessert lieber mit frischen Birnen zubereiten, pochieren Sie diese zuvor in leicht gezuckertem Wasser.

Williamscreme mit Birnenspalten

*^{1}/$_4$ l Sahne, 4 Blatt weiße Gelatine, ^{1}/$_4$ l Milch, 3 Eigelb,
60 g Zucker, 4 EL Williams (Birnenbrand)
Für die Garnitur: ^{1}/$_2$ Birne (Williams Christ oder Abbate Fetel),
1 EL Williams*

Die Sahne steif schlagen und bis zum Gebrauch in den Kühlschrank stellen. Die Gelatine in kaltem Wasser einweichen. Die Milch zum Kochen bringen. Eigelbe und Zucker in einer hitzebeständigen Schüssel verrühren und die Milch unter fortwährendem Rühren zugießen. Die Masse über einem heißen Wasserbad schlagen, bis sie eine cremige Konsistenz hat. Die Gelatine ausdrücken und so lange unterrühren, bis sie sich vollständig aufgelöst hat. Die Creme mit Williams parfümieren und über einem kalten Wasserbad kalt rühren. Die Sahne unterheben und die Creme in Portionsschalen füllen. Zugedeckt für mindestens 2 Stunden in den Kühlschrank stellen.
Für die Garnitur die Birne erst kurz vor dem Servieren schälen, entkernen und in dünne Spalten schneiden. Hübsch auf den Portionen verteilen und mit Williams beträufeln. Nach Belieben flambieren.

Williamsbirnen-Soufflé

5 TL Zucker, ¹/₂ Vanillestange, 1 reife Birne (Williams Christ),
2 cl Williams (Birnenbrand), 1 Ei, ¹/₂ TL Puderzucker
Außerdem: 1 EL flüssige Butter für die Portionsförmchen

In einem Topf ¹/₄ Liter Wasser und 2 Teelöffel Zucker aufkochen. Die Vanillestange aufschlitzen und einlegen. Die Birne schälen, vierteln, entkernen und in grobe Stücke schneiden. In den Topf geben und etwa 10 Minuten garen.
Die Birne herausnehmen und gut abtropfen lassen. In einer Schüssel mit Williams und dem restlichen Zucker pürieren. Die Eier trennen. Das Eigelb cremig rühren und mit dem Birnenpüree vermischen. Die Schüssel mit Klarsichtfolie abdecken und für 30 Minuten in den Kühlschrank stellen. Das Eiweiß mit Puderzucker zu steifem Schnee schlagen und mit einem Holzlöffel gründlich unter die Birnencreme heben.
4 ofenfeste Portionsförmchen (5–6 Zentimeter Durchmesser) bis zum Rand hoch mit Butter auspinseln. Die Birnencreme bis 1 Zentimeter unter die Oberkante einfüllen. In den auf 200 °C (Umluft 180 °C) vorgeheizten Ofen schieben und in 8–9 Minuten backen. Sofort servieren.

☞ Sie können dasselbe Rezept auch mit Äpfeln und Calvados zubereiten.

Birnen-Apfel-Auflauf mit Honig

4 Brötchen (2 Tage alt), 3 Eier, ¹/₂ l Milch, 1 Päckchen Vanillezucker,
3 EL Honig, 500 g Äpfel, 500 g Birnen, 100 g Aprikosenmarmelade,
Saft von 1 Zitrone, 100 g Mandelstifte,
1 Prise gemahlene Muskatblüte (Macis), ¹/₄ TL gemahlener Zimt,
1 Prise Nelkenpulver
Außerdem: Butter für die Form, 2–3 EL Zucker und
¹/₂ TL gemahlener Zimt zum Bestreuen

Die Brötchen in ¹/₂ Zentimeter dicke Scheiben schneiden und in eine Schüssel legen. Die Eier mit Milch, Vanillezucker und Honig verschlagen und über die Brötchenscheiben gießen. Äpfel und Birnen schälen, vierteln, entkernen und in

Spalten schneiden. Die Aprikosenmarmelade leicht erwärmen, mit Zitronensaft verrühren und mit dem Obst vermischen.

Eine größere Auflaufform mit Butter ausfetten und zwei Drittel der eingeweichten Brotscheiben auf dem Boden und am Rand verteilen. Die Obstmischung mit Mandelstiften, Muskatblüte, Zimt sowie dem Nelkenpulver vermengen und in der Mitte der Auflaufform aufschichten. Mit den restlichen Brotscheiben belegen. In den auf 180 °C (Umluft 160 °C) vorgeheizten Ofen schieben und den Auflauf knapp 50 Minuten backen. Herausnehmen und mit einer Mischung aus Zucker und Zimt dick bestreuen. In der Form servieren.

☞ Diesen Auflauf gab es bei uns zu Hause oft an Freitagen als Hauptspeise, denn wenn schon in einem katholischen Haushalt am Freitag kein Fleisch gegessen werden durfte, so sollte es doch eine süße Speise sein, die das Fasten leicht vergessen ließ …

Gratinierte Preiselbeerbirnen

2 Birnen, Saft von ¹/₂ Zitrone, ¹/₄ l Weißwein, 1 EL Zucker,
2 Gewürznelken, 4 EL Preiselbeeren, 2 Eiweiß,
¹/₂ Päckchen Vanillezucker

Die Birnen schälen, halbieren und großzügig entkernen. Zitronensaft mit Weißwein, Zucker und Nelken in einem Topf aufkochen und die Birnenhälften einlegen. Bei geringer Hitze 5 Minuten leise köcheln lassen. Die Birnen herausnehmen, kurz abtropfen lassen, mit je 1 Esslöffel Preiselbeeren füllen und in eine Auflaufform setzen. Rundherum mit Birnensud begießen.

Die Eiweiße mit Vanillezucker steif schlagen und auf die Birnenhälften streichen. In den auf 200 °C mit Grillstufe (180 °C Umluft) vorgeheizten Ofen schieben und 5 Minuten gratinieren. Sofort servieren.

☞ Ideal als fruchtiger Begleiter zu einer Käseplatte.

Schokoladenfondue mit Früchten

Zum Dippen: 2 Äpfel, 2 Birnen, 2 Bananen, 250 g Erdbeeren,
nach Belieben 8–12 Löffelbiskuits
Für das Fondue: 300 g Vollmilchschokolade, 200 ml Sahne

Äpfel und Birnen schälen, vierteln, entkernen und in mundgerechte Häppchen schneiden. Die Bananen schälen und in Scheiben schneiden. Die Erdbeeren entstielen, waschen und mit Küchenpapier trockentupfen. Alle Dipzutaten separat auf Tellern anrichten.
Für das Fondue die Schokolade in Rippchen brechen, mit Sahne übergießen und in einer hitzebeständigen Schüssel über einem heißen Wasserbad vorsichtig schmelzen. Die Schokoladenmasse in 4 Schälchen füllen und für jeden Gast auf den Tisch stellen. Die vorbereiteten Zutaten abwechselnd in die Schokolade tauchen und genießen.

☞ Es gibt ein spezielles Schokoladenfondue-Keramiktöpfchen mit integriertem Stövchen für ein Teelicht. Doch das ist nicht unbedingt erforderlich, denn mit einem eigenen Schälchen funktioniert das Eintauchen ohne Kleckern vielleicht sogar besser.

Obstsalat mit Zimtsahne

200 g blaue und weiße Weintrauben, 1 Orange, 1 Apfel, 1 Birne,
1 Banane, 2 EL Orangenlikör, 50 ml Multivitaminsaft, 200 ml Sahne,
1 EL Zucker, 1 kräftige Prise gemahlener Zimt

Die Weintrauben waschen, entstielen und je nach Größe halbieren; eventuell entkernen. Die Orange schälen, dabei auch die weiße Haut entfernen und zwischen den Hautsegmenten mit einem kleinen scharfen Messer die Filets herausschneiden.
Den Apfel und die Birne schälen, vierteln, entkernen und in Scheibchen schneiden. Die Banane schälen und in Scheiben schneiden. Die vorbereiteten Früchte mit Orangenlikör und Multivitaminsaft in einer Schüssel locker vermengen. Die Sahne mit Zucker und Zimt steif schlagen. Den Obstsalat in Portionsschalen verteilen und mit Zimtsahne garnieren.

☞ Sie können, je nach Saison und Vorliebe, Früchte individuell zu einem Obstsalat zusammenstellen. Wer möchte, kann die Zimtsahne zusätzlich mit gebräunten Mandelblättchen bestreuen.

KONFITÜREN UND GELEES

Birnenkonfitüre mit Pflaumen

*500 g Pflaumen, 1 kg Birnen, 3 EL Williams (Birnenbrand),
1,5 kg Gelierzucker 1:1*

Die Pflaumen waschen, entkernen und dabei halbieren. Die Birnen schälen, vierteln, entkernen und in grobe Stücke schneiden. Beide Fruchtsorten mit 2 Esslöffeln Williams vermischen und im Küchenmixer fein pürieren.
Das Fruchtpüree mit dem Gelierzucker vermischen und zum Kochen bringen. Unter ständigem Rühren etwa 5 Minuten sprudelnd weiterkochen lassen. Vom Herd nehmen, sofort in heiß ausgespülte Twist-off-Gläser füllen. Die Deckel mit dem restlichen Williams ausschwenken (von Deckel zu Deckel weitergießen) und die Gläser damit fest verschließen.

☞ Nach Belieben anstelle von Williams chinesischen Pflaumenwein oder Pflaumenbrand verwenden.

Birnenkonfitüre mit Datteln

500 g frische Datteln, 500 g Birnen, 4 cl Madeira (portug. Likörwein),
Saft von ¹/₂ Zitrone, 1 kg Gelierzucker 1:1

Die Datteln mit einem spitzen kleinen Messer vorsichtig häuten und die Kerne entfernen. Die Birnen schälen, vierteln, entkernen und in kleine Stücke schneiden. Datteln und Birnen zusammen mit Madeira und Zitronensaft im Mixer fein pürieren.
Das Fruchtgemisch mit dem Gelierzucker in einem Topf verrühren und zum Kochen bringen. Unter ständigem Rühren 5 Minuten sprudelnd kochen lassen. Vom Herd nehmen, sofort in heiß ausgespülte Twist-off-Gläser füllen und fest verschließen.

☞ Bei 8–10 frisch gehäuteten Datteln die Kerne durch Mandelkerne austauschen. Diese unter die fertig gekochte Konfitüre mischen und als „Gag" für das Frühstücksbrot servieren.

Apfelkonfitüre mit Brombeeren

1 kg Brombeeren, 500 g säuerliche Äpfel, Saft und abgeriebene Schale
von ¹/₂ unbehandelten Zitrone, 5 cl Sherry, 1,5 kg Gelierzucker 1:1

Die Brombeeren verlesen, waschen und mit Küchenpapier trockentupfen. Die Äpfel schälen, vierteln, entkernen und in gleichmäßig kleine Stücke schneiden. In einer Schüssel die Brombeeren mit Apfelstückchen, Zitronensaft und -schale sowie Sherry vermengen. Die Schüssel mit einer Folie abdecken und die Früchte etwa 30 Minuten ziehen lassen.
Die Fruchtmischung mit dem Gelierzucker in einem Topf verrühren und zum Kochen bringen. Unter ständigem Rühren 4–5 Minuten sprudelnd kochen lassen. Vom Herd nehmen, sofort in heiß ausgespülte Twist-off-Gläser füllen und fest verschließen.

☞ Sie können die Brombeeren nach Belieben auch durch Johannisbeeren oder Stachelbeeren ersetzen.

Kürbiskonfitüre mit Apfel

1 kg Kürbisfruchtfleisch, 500 g Äpfel, Saft von 1 Zitrone,
1,5 kg Gelierzucker 1:1, 20 g Gelierpulver (1 Päckchen),
2 EL Apfelkorn

Den Kürbis schälen, von Fasern und Kernen befreien und das Fruchtfleisch in sehr kleine Stücke schneiden. Die Äpfel ebenfalls schälen, vierteln, entkernen und in passend große Stücke schneiden. Beides unter Zugabe von Zitronensaft im Mixer fein pürieren. In einem Topf mit Gelierzucker sowie Gelierpulver verrühren und zum Kochen bringen. Unter fortwährendem Rühren 5 Minuten sprudelnd kochen lassen. Vom Herd nehmen und sofort in heiß ausgespülte Twist-off-Gläser füllen. Die Schraubdeckel mit Apfelkorn ausschwenken (von Deckel zu Deckel gießen) und fest verschließen.

Apfelkonfitüre mit Rosinen

1 kg Äpfel, Saft von 1 Zitrone, 100 g Rosinen, 1 kg Gelierzucker 1:1,
$^{1}/_{8}$ l Cidre (Apfelwein)

Die Äpfel schälen, vierteln, entkernen und klein würfeln. In einem Topf mit Zitronensaft, Rosinen, Gelierzucker und Cidre zum Kochen bringen. 5 Minuten unter Rühren sprudelnd kochen lassen. Vom Herd nehmen, sofort in heiß ausgespülte Twist-off-Gläser füllen und fest verschließen.

Himbeerkonfitüre mit Apfel

750 g Himbeeren, 750 g Äpfel, Saft von 1 Zitrone,
1 ¹/₂ kg Gelierzucker 1:1, 5 cl Himbeergeist

Die Himbeeren verlesen, waschen und abtropfen lassen. Die Äpfel schälen, vierteln, entkernen und in kleine Stücke schneiden. Zusammen mit Zitronensaft im Mixer fein pürieren. Das Apfelpüree in einem Topf mit Gelierzucker und Himbeeren verrühren und zum Kochen bringen. Nach dem ersten Aufkochen unter ständigem Rühren 4 Minuten sprudelnd weiterkochen lassen. Vom Herd nehmen, die Konfitüre sofort in heiß ausgespülte Twist-off-Gläser füllen und fest verschließen. Die Schraubdeckel mit Himbeergeist ausschwenken (von Deckel zu Deckel gießen) und fest verschließen.

Apfelgelee

1 ¹/₂ kg Äpfel, ¹/₄ l Cidre (Apfelwein), Saft von 1 Zitrone, 1 kg Zucker

Die Äpfel schälen, entkernen und in grobe Stücke schneiden. Zusammen mit Cidre und Zitronensaft zum Kochen bringen. Die Äpfel in etwa 20 Minuten weich kochen. Durch ein mit einem Mulltuch ausgelegtes Sieb seihen. Das Apfelmus mit einem Teller beschweren, sodass der Saft mit nur leichtem Druck ablaufen kann.
Für das Gelee 1 Liter Apfelsaft abmessen mit dem Zucker vermischt aufkochen. 2 Minuten offen kochen lassen. Sofort in heiß ausgespülte Twist-off-Gläser füllen und fest verschließen.

☞ Bei Äpfeln ist Gelierzucker nicht notwendig, da die fruchteigenen Pektine für das Gelieren ausreichen. Grundsätzlich ist man allerdings mit Gelierzucker auf der sicheren Seite …
☞ Die Deckel der Gläser mit Orangenlikör beträufeln und das Gelee dadurch leicht parfümieren.

Apfel-Erdbeer-Gelee

750 ml Apfelsaft, ¹/₄ l Erdbeersaft, 1 kg Gelierzucker Extra

Apfel- und Erdbeersaft in einem Topf mit dem Gelierzucker Extra verrühren und zum Kochen bringen. 1 Minute sprudelnd kochen lassen. Vom Herd nehmen, sofort in heiß ausgespülte Twist-off-Gläser füllen und fest verschließen.

Holundergelee mit Apfelduft

*1 l Holundersaft, ¹/₈ l Apfelsaft, 1 ¹/₄ kg Gelierzucker 1:1,
20 g Gelierpulver (1 Päckchen)*

Holunder- und Apfelsaft mit Gelierzucker in einem Topf verrühren. Unter Rühren zum Kochen bringen. Das Gelierpulver mit etwas Saft aus dem Topf anrühren und in den Topfinhalt einrühren. Etwa 1 Minute sprudelnd kochen lassen. Vom Herd nehmen, sofort in heiß ausgespülte Twist-off-Gläser füllen und fest verschließen.

☞ Holundergelee auf frische Butterbrötchen streichen und dazu frische Apfelstückchen, eingewickelt in Kochschinken, genießen.

DIPS, SAUCEN UND CHUTNEYS

Käse-Meerrettich-Creme

*100 g Grana Padano oder Sbrinz, 125 g Doppelrahm-Frischkäse,
1 Apfel, 1 EL frisch geraspelter Meerrettich,
Salz, frisch gemahlener schwarzer Pfeffer, 150 ml Sahne,
Paprikapulver (edelsüß)*

Den Käse fein reiben und mit dem Frischkäse verrühren. Den Apfel schälen, entkernen und dazureiben. Mit Meerrettich, Salz und Pfeffer würzen. Die Sahne steif schlagen und zuletzt unterheben. Die Creme in 4 Portionsschälchen füllen und mit Paprikapulver bestäuben.

☞ Dazu passen verschiedene Brotsorten, aber auch Grissini und Laugenstangen zum Dippen.

Gorgonzola-Birnen-Dip

*200 g Gorgonzola, 200 ml Sahne, 1 Birne,
Salz, frisch gemahlener schwarzer Pfeffer, 1 TL grüne Pfefferkörner*

Den Gorgonzola in einer Schüssel mit einer Gabel zerdrücken, dabei die Hälfte der Sahne unterrühren. Die Birne schälen, entkernen und auf einem Küchenhobel dazureiben. Mit Salz und Pfeffer würzen. Die restliche Sahne steif schlagen und unter die Käsecreme heben. Den Dip in Portionsschälchen füllen und mit grünen Pfefferkörnern garnieren.

Stiltoncreme mit Birnenkugeln

300 g Stilton (engl. Edelschimmelkäse), 200 g Quark,
¹/₂ Bund Schnittlauch, 1 Birne

Den Stilton zerkleinern und mit dem Quark cremig rühren. Die Creme auf 4 Tellern mittig platzieren. Den Schnittlauch abbrausen, trockentupfen, in Röllchen schneiden und darüber streuen. Die Birne schälen, längs halbieren, entkernen und mit einem Kugelausstecher Kügelchen formen. Diese jeweils rund um die Käsecreme anrichten.

☞ Die Birnenkugeln in 100 Milliliter trockenem Rotwein 5 Minuten garen und dann löffelweise um die Käsecreme herum arrangieren.

Barolo-Birnen mit Gorgonzolacreme

4 kleine Birnen, ¹/₂ l Barolo (italienischer Rotwein), 200 g Gorgonzola,
50 g weiche Butter, 2 EL gehackte Pistazien oder Walnüsse

Die Birnen schälen, längs halbieren und großzügig entkernen bzw. aushöhlen. Den Barolo in einem Topf aufkochen. Die Birnenhälften einlegen und bei geringer Hitze 5–8 Minuten ziehen lassen.
Inzwischen den Gorgonzola zerkleinern und mit Butter cremig rühren. Die Birnenhälften kurz abtropfen lassen und je 2 Hälften mit der Öffnung nach oben auf einem Teller anrichten. Die Käsecreme in einen Spritzbeutel füllen und dekorativ in die Birnenhälften füllen. Mit Pistazien oder Walnüssen garnieren.

Fruchtige Bananensauce

1 kleine reife Banane, Saft von $^1/_2$ Orange, 1 säuerlicher Apfel,
2 EL Mango-Chutney (Fertigprodukt), 200 g saure Sahne,
1 Prise Zucker, Salz, frisch gemahlener schwarzer Pfeffer,
$^1/_4$ TL Currypulver
Zum Dippen: 1 Packung frittierte Krabbenchips (Krupuk)

Die Banane schälen und das Fruchtfleisch mit einer Gabel in einer Schüssel zerdrücken. Mit Orangensaft beträufeln. Den Apfel schälen, entkernen, fein reiben
und dazugeben. Zusammen mit Mango-Chutney und saurer Sahne verrühren.
Mit Zucker, Salz, Pfeffer und Currypulver kräftig würzen. Die Sauce in 4 Portionsschälchen füllen und mit etwas Curry bestäuben. Zum Dippen Krupuk
dazu servieren.

☞ Sie können auch Taco-Chips dazu reichen. Oder Sie erwärmen Tortillas,
bestreichen sie breitflächig mit der Sauce und servieren sie aufgerollt als Wraps.

Nusspaste mit Apfel und Chili

4 Frühlingszwiebeln, 2 Knoblauchzehen, 1 rote Chilischote,
50 g Pinienkerne, 50 g Cashewnüsse, 50 g Walnusshälften,
1 Apfel, 2 EL Zitronensaft, 50 ml Olivenöl, Salz,
frisch gemahlener schwarzer Pfeffer

Die Frühlingszwiebeln putzen und fein würfeln. Die Knoblauchzehen schälen, die Chilischote von Stielansatz, Samen und Scheidewänden befreien. Knoblauch und Chilischote in kleine Würfel schneiden. Pinien- und Cashewnüsse sowie die Walnusshälften klein hacken und in einer ungefetteten heißen Pfanne unter Schwenken rösten, bis sie duften. Herausnehmen und auf einen Teller legen. Den Apfel schälen, vierteln, entkernen und in kleine Würfel schneiden. Mit dem Zitronensaft beträufeln. In einer Pfanne 2 Esslöffel Olivenöl erhitzen und darin Frühlingszwiebeln, Knoblauch und Chili andünsten. Den Pfanneninhalt in einen Küchenmixer geben und mit dem restlichen Olivenöl pürieren. Apfelstückchen und Nüsse untermischen. Mit Salz und Pfeffer würzen.

☞ Die Paste in ein Schüsselchen füllen und mit frischen Apfelspalten und Walnusshälften garnieren.

Warme Apfelsauce

2 Äpfel (z.B. Cox Orange), abgeriebene Schale und Saft
von 1 unbehandelten Zitrone, 50 ml Geflügelbrühe, 1 EL Calvados
(Apfelbrand), 100 ml Sahne, Salz, frisch gemahlener schwarzer Pfeffer

Die Äpfel schälen, vierteln, entkernen und klein würfeln. In einem kleinen Topf mit Zitronenschale und -saft verrühren und etwa 15 Minuten leise köcheln lassen. Geflügelbrühe, Calvados und Sahne zugießen. Nach dem ersten Aufkochen die Sauce mit einem Mixstab glatt pürieren. Mit Salz und Pfeffer würzen und heiß oder warm servieren.

☞ Passt hervorragend zu Grillgerichten oder zu gekochtem Fleisch.

Apfel-Sauerkraut-Dip

¹/₂ l Gemüsebrühe, 100 g Hirse, 1 rote Paprikaschote, 1 kleine Zwiebel,
¹/₂ Bund Schnittlauch, 1 Apfel, 100 g küchenfertiges Sauerkraut,
3 EL Olivenöl, Salz, frisch gemahlener schwarzer Pfeffer

Die Gemüsebrühe aufkochen, Hirse einstreuen und unter wiederholtem Rühren 10 Minuten kochen lassen. Den Topf beiseite ziehen und die Hirse 20 Minuten quellen lassen.
Inzwischen die Paprikaschote halbieren, von Samen und Scheidewänden befreien und fein würfeln. Die Zwiebel schälen und in kleine Würfel schneiden. Den Schnittlauch waschen, trockentupfen und in Röllchen schneiden. Den Apfel schälen, vierteln, entkernen und fein reiben. Das Sauerkraut etwas feiner hacken. Die Hirse in einer Schüssel mit Paprika, Zwiebel, Schnittlauch, Apfel, Sauerkraut und Olivenöl locker vermengen. Mit Salz und Pfeffer würzen.

☞ Dieser vollwertige Dip schmeckt besonders gut mit Vollkornbrot. Zusätzlich als Garnitur frisch geriebenen Apfel darüber streuen.

Apfel-Chutney mit Rosinen

1 kg Äpfel (z.B. Boskoop), 200 g Zwiebeln, 250 g Rosinen,
200 g brauner Kandiszucker, 1 EL Senfkörner, Salz, Cayennepfeffer,
50 ml Essigessenz (25%), 200 ml Wasser,
frisch gemahlener weißer Pfeffer

Die Äpfel schälen, vierteln, vom Kerngehäuse befreien und quer in dünne Scheiben schneiden. Die Zwiebeln schälen und in Ringe schneiden.
Apfelscheiben, Zwiebelringe und Rosinen mischen und zusammen mit Kandiszucker, Senfkörnern, Salz, Cayennepfeffer, Essigessenz und Wasser in einem großen Topf verrühren. Aufkochen und bei kleiner Hitze unter gelegentlichem Umrühren 30–40 Minuten köcheln lassen; die Flüssigkeit soll danach fast vollständig verdampft sein. Das Chutney mit Pfeffer würzen und sofort in heiß ausgespülte Twist-off-Gläser füllen und fest verschließen.

Apfel-Birnen-Chutney

1 Zwiebel, 1 Salatgurke, 500 g Äpfel, 500 g Birnen,
5 cl Williams (Birnenbrand), 3 EL Pflanzenöl, 1/4 TL gemahlener
Curry, 250 g brauner Rohrzucker, 150 ml Obstessig, 1 TL Salz,
1 TL eingelegte grüne Pfefferkörner, 1 Prise Cayennepfeffer

Die Zwiebel schälen und fein würfeln. Die Salatgurke schälen, der Länge nach aufschneiden, die Kerne mit einem Löffel herauskratzen und das Fruchtfleisch quer in Scheibchen schneiden. Äpfel und Birnen schälen, vierteln, entkernen und in dünne Spalten schneiden. Mit Williams beträufeln.
Das Pflanzenöl in einem großen Topf erhitzen und darin die Zwiebelwürfel glasig dünsten. Gurken-, Apfel- und Birnenstückchen einrühren und 2 Minuten mitdünsten. Curry, Rohrzucker, Obstessig, Salz, Pfefferkörner und Cayennepfeffer hinzufügen. Nach dem ersten Aufkochen die Hitze reduzieren. Das Chutney unter wiederholtem Rühren bei geringer Hitze etwa 40 Minuten leise köcheln. Dann den Topf vom Herd nehmen. Das Chutney in heiß ausgespülte, gut abgetropfte Twist-off-Gläser füllen, sofort verschließen und kühl stellen.

☞ Eine Portionsschale lauwarmes Apfel-Birnen-Chutney gleich zusammen mit gebackenen Folienkartoffeln für ein Essen verwenden.

Tomaten-Chutney mit Früchten

1 Zwiebel, 500 g Tomaten, 250 g Aprikosen, 250 g Äpfel,
2 EL Pflanzenöl, 250 g brauner Rohrzucker, 1/4 l Weißweinessig,
1 TL Salz, 5 schwarze Pfefferkörner

Die Zwiebel schälen und fein würfeln. Die Tomaten blanchieren, kalt abschrecken, von Kernen und Stielansatz befreien und das Fruchtfleisch in kleine Würfel schneiden. Die Aprikosen mit heißem Wasser überbrühen, schälen, von Kernen befreien und passend zu den Tomaten in Stücke schneiden. Die Äpfel schälen, vierteln, entkernen und klein würfeln.
Das Pflanzenöl in einem Topf erhitzen und darin die Zwiebelwürfel glasig dünsten. Tomaten, Aprikosen und Äpfel hinzufügen und 2 Minuten mitdünsten.

Dann Rohrzucker, Essig, Salz und Pfefferkörner einrühren. Nach dem ersten Aufkochen die Hitze reduzieren und unter wiederholtem Rühren etwa 30 Minuten leise köcheln lassen. Den Topf vom Herd nehmen, das Chutney sofort in heiß ausgespülte Twist-off-Gläser füllen und fest verschließen.

☞ Dieses Chutney schmeckt heiß, lauwarm und kalt als Aufstrich auf Fladenbrot oder Baguette. Ideal zum Mitnehmen für ein Picknick oder als Topping für ein gegrilltes Steak.

Zitroniertes Möhren-Apfel-Chutney

*1 kleine rote Chilischote, 2 cm frische Ingwerwurzel,
1 unbehandelte Zitrone, 100 g frische Datteln, 250 g Möhren,
500 g Äpfel, 250 g brauner Rohrzucker, $^1/_4$ l Weißweinessig,
$^1/_2$ TL Salz, $^1/_2$ TL Kurkuma*

Die Chilischote längs halbieren, von Stielansatz, Samen und Scheidewänden befreien und klein würfeln. Den Ingwer schälen und ebenfalls fein würfeln. Die Zitrone heiß abwaschen, trockenreiben und mit einem Zestenreißer von der Schale feinste Streifen abziehen. Die weiße Haut der Zitrone entfernen und das Fruchtfleisch klein würfeln, ggf. entkernen.
Die Datteln vorsichtig häuten, entkernen und klein schneiden. Die Möhren und die Äpfel schälen. Die Äpfel vierteln, entkernen und wie die Möhren in kleine Würfel schneiden.
In einem Topf den Zucker schmelzen. Mit Essig, Salz und Kurkuma verrühren. Nach und nach Chilischote, Ingwer, Zitronenschale und -würfel, Datteln, Möhren und Äpfel einrühren. Nach dem ersten Aufkochen die Hitze reduzieren und das Chutney bei geringer Hitze unter wiederholtem Rühren 40 Minuten leise köcheln lassen; danach sollte die Masse zähflüssig sein. Den Topf vom Herd nehmen. Das Chutney sofort in heiß ausgespülte Twist-off-Gläser füllen und fest verschließen.

☞ Schmeckt gut als Dip zu gegrilltem Fleisch oder Gemüse. Es ist aber auch als Würzchutney für Wokgerichte sehr empfehlenswert.

VERZEICHNIS DER REZEPTE

Herzhafte Hauptgerichte und Beilagen

Konfitüren und Gelees

Dips, Saucen und Chutneys